LOGICAL COMMUNICATION
SKILL TRAINING

ロジカル・ライティング

論理的にわかりやすく書くスキル

Hanako Teruya
照屋華子——❖著

東洋経済新報社

はじめに

　ビジネスのコミュニケーションの中で「書くこと」は、新人からベテランまで避けては通れない。特に重要な事柄ほど書いて伝えることが求められる。

　しかも、書くことは話すことと比べるとごまかしがきかない。話すならば、聞き手の質問や表情から自分の説明のわかりにくい点や不足する点に気づき、用意した説明をその場で手直しすることもできる。だが、書いて伝えるときには書いたものがすべてになる。また、ひとたびわかりにくい文書を発信すれば、その読み手は「解読」に多大な時間とエネルギーを費やし、あるいは「解読」を放棄して放置する。そうなれば、相手の仕事も書き手の仕事も滞ってしまう。わかりやすく、そして、ビジネスであるからには読み手の「なぜ？」という疑問にきちんと根拠を提示できるように書く力は、ビジネスパーソンの基本スキルといえるだろう。

　本書では、提案書、報告書、連絡文、依頼文など、日々の仕事の中で作成する文書をわかりやすく論理的に書くためのアプローチ、「ロジカル・ライティング」の手法を紹介したい。話す内容、書く内容をわかりやすく論理的に組み立てる手法をご紹介した『ロジカル・シンキング』（東洋経済新報社刊）の続編である。ロジカル・シンキングの手法を、書くという実際のコミュニケーションの中でどう活かしていくのかを解説した、ロジカル・シンキング実践編ともいえるだろう。

　私は経営コンサルティングの分野を中心に、ビジネス文書の論理構成や表現にアドバイスや改善案を提供するエディティング・サービスに携わっている。例えば、コンサルティングでは、プロジェクトの提案に始まり、プロジェクト活動の中間報告、提言の最終報告まで、クライアントとさま

ざまなコミュニケーションを行う。もちろん、検討に必要な情報収集のための打ち合わせや意見交換もある。なかには口頭での説明だけの場合もあるが、重要な中身ほど何らかの文書や資料を用意する。そうしたプロジェクトに関連して発生する提案書、報告書、依頼文などありとあらゆる文書がエディティングの対象だ。文書が読み手にとってわかりやすく、論理的になり、プロジェクト推進のための有効な道具になるように、書き手であるコンサルタントにアドバイスや改善案を提供する。

エディティングで扱う文書のテーマや中身はそのつど異なる。また、改善を要するポイントも、そもそも何を書くのかといった中身から、日本語の「てにをは」の表現まで、文書によって、また書き手によってまちまちだ。しかも、限られた持ち時間の中で改善点を見定めて、効率よく、改善案を作らねばならない。

「常にこの点を充足させればよい」という一定のポイントをまとめた「虎の巻」が欲しい！──と、私が駆け出しエディターであったころ切実に思ったものだ。しかし、残念ながらそうは問屋は卸さず、使い勝手のよい虎の巻は存在しなかった。ならば、自分で実践的なものを作るしかない──。

そのような思いから、エディティングのための虎の巻を整理し、さらにそれをビジネスパーソン向けの研修プログラムに構成し、改訂を重ねつつ実施してきた。本書でご紹介するロジカル・ライティングの手法は、エディティングで私が実際に使い、研修プログラムとしても実施している「わかりやすく論理的な文書を作るための考え方や着眼点」を独習しやすく体系化したものだ。

ロジカル・ライティングでは、前作『ロジカル・シンキング』の内容も1つの重要要素である。また、手法体系化の初期段階では、前作の共著者である岡田恵子氏と協働の機会を得ることができた。本書をまとめるにあたって、岡田氏が大きく貢献してくださったことを、はじめに感謝とともに記させていただきたい。

ロジカル・ライティングの流れに沿って解説

　では、ロジカル・ライティングの全体像を本書の構成とともに紹介しよう。

　ロジカル・ライティングでは、書くということを「メッセージの組み立て」と「メッセージの表現」に分け、ステップごとに考えていく。ビジネス文書は仕事を進めるための道具なのだから、伝えるべきメッセージを明快に組み立てることが重要だ。そして、書き表せたものだけが相手に伝わるのだから、組み立てたものを的確に書き表すことも不可欠だ。車の両輪であるメッセージを組み立てる側面と、それを表現する側面をバランスよく押さえたい。

　「メッセージの組み立て」は第1部で取り上げる。ここには3段階ある。

　第1のステップは、**第1章**「**組み立ての準備**」だ。書くのが苦手という場合、自覚症状としては「ロジカル・シンキングができないから」とか「表現力に乏しくて……」と考えている方が多い。しかし、根本の課題はロジカル・シンキングや表現以前の、この準備段階にあることが多い。効果的な組み立てを進めるにはしかるべき「準備運動」が必要だ。第1章では、その準備運動を理解しよう。

　第2のステップは、**第2章・第3章**の「**本論の組み立て**」だ。ここでは、文書の中心である本論をわかりやすく、論理的に組み立てる。自分が扱い慣れないテーマや情報をもとに書く場合でも一定の歩留まりの品質で組み立てられることが大事だが、それには、具体的な方法論を持つことだ。その方法論として、ロジカル・シンキングをマスターしよう。

　第2章では、MECE、So What?/Why So?、論理パターンというロジカル・シンキングの手法を概説する。ロジカル・シンキングを既習の方は第2章を飛ばして読んでも構わない。逆に、詳細な説明が必要な方は、前著『ロジカル・シンキング』を参照していただきたい。第3章では、ロジカル・シンキングの手法を使う際の手順を、ある報告書の本論を組み立てるというケースを用いて解説していく。読者もケースを解きつつ、手順を体

得していただきたい。

　第3のステップは、**第4章「導入部の組み立て」**だ。導入部とは文書の書き出しであり、読み手が最初に読む部分だ。ここで何を説明しておけば、読み手にコミュニケーションの土俵に乗ってもらえ、納得感を持ってその先の本論を読み進んでもらえるだろうか。導入部が果たす役割は大きいのだが、エディティング・サービスに携わっていると、導入部に無関心な書き手が多いと痛感する。導入部の役割と、そこに必要な要素を読み手の視点から確実に洗い出す方法を理解しよう。

　第2部「メッセージの表現」では、組み立てた中身をいかに書き表すかを取り上げる。
　「表現」というと、日本語自体の表現を思い浮かべるかもしれない。しかし、ビジネス文書の表現についてまず考えたいのは、**第5章「組み立ての視覚化」**だ。ここでは、読むまでもなく、見た段階で、その文書の内容のおおよその組み立てをつかめるよう、組み立てを視覚化して示す術をご紹介する。せっかく素晴らしい内容なのに、この点に無頓着なために読み手の読む気をそいでしまってはもったいない。組み立てを視覚化するテクニックをマスターしよう。
　そして、**第6章**が**「メッセージの日本語表現」**だ。日々の業務の中で文書を書く場合、格好よく書こうとか、巧みな言い回しに凝ろうとか、欲張ることはない。大事なことは、具体的であり、論理的な関係が正しく表されており、簡潔であることだ。そのためには、自分の書いた日本語表現を何に目をつけてチェックすればよいのだろうか。ビジネスパーソンが陥りやすい、避けたいありがちな表現例をあげ、あなた自身が改善案を考えながら読み進めるような構成にした。ご自身の日本語表現の要チェックのポイントをつかんでほしい。

実践の中で生まれた、実践のための手法

　ロジカル・ライティングの手法は、先述のように、私がビジネス文書のエディティングをする中で実際に使ってきた考え方を原点に体系化してきたものだ。いわばビジネス・コミュニケーションの実践の中で生まれたアプローチで、それゆえの特徴があると考えている。

　第1の特徴は、汎用性が高いことだ。文字どおり山のような文書をエディティングしてきて確信するのは、わかりやすく論理的に書くために押さえるポイントは、文書のタイプにかかわらず共通する、ということだ。そのポイントを体系化したものがロジカル・ライティングのアプローチだ。

　提案書はこう、報告書はこう、依頼文はこう、といった文書タイプ別の対症療法では、異なるタイプの文書を書くたびに個々のやり方を参照しなくてはならず、応用がきかない。まして、文例集や類似文書の切り貼り方式では、文例探しに右往左往したあげく、木に竹を接いだようなものしかできなかったりする。ビジネス文書作成は時間との競争なので、「少なくともこれを押さえれば、わかりやすく論理的になる」という汎用性の高いアプローチを持つことをお勧めする。

　第2の特徴は、「組み立ての準備」から「日本語表現」まで、書くプロセスをステップごとに一貫して取り上げている。このため、守備範囲の広い、書くプロセスの中で自分の文書を改善するためにやるべきことや、スキルアップの優先順位がクリアになるだろう。

　昨今、ロジカル・シンキングや日本語に関心を持つ方は多い。書くうえでこれらはもちろん重要だが、ビジネス文書を仕上げるには他にも必要な要素がある。それは本書でいえば、第1章「組み立ての準備」であり、第4章「導入部の組み立て」であり、第5章「組み立ての視覚化」である。実際、ここを強化することでぐっとわかりやすくなったり、納得感が高まる文書は多い。書くプロセスの中で自分にとって必要性の高い段階から順次アプローチを取り入れていく、という現実的なスキルアップが可能である。

第3の特徴として、読者が自分の文書作成に照らしてこのアプローチを理解できるよう、実際にありがちな悪い例と、望ましい例の対比を多く盛り込むように心がけた。組み立てにせよ、表現にせよ、わかりにくいものや論理的でないものは、共通の落とし穴に陥っている。第3章・第4章では組み立てについて、第5章・第6章では表現についてエディティングの事例を分析して抽出した、ありがちな落とし穴を反映させた例と望ましい例を対比させ、解説をした。ロジカル・ライティングをより深く理解していただけるだろう。

　なお、掲載した文例の類は注釈をつけたもの以外は筆者が創作したものである。

　書くということは確かに守備範囲が広い。しかし、そのプロセスをひもといてみれば、各ステップで押さえるべきことは、これから述べていくように具体的に絞り込める。それをしっかり実践すれば誰もがロジカル・ライティングを習得できる。その習得にもし要るものがあるとしたら、それは、生まれ持った才能やセンスなどではなく、相手にわかってもらいたいという気持ちと地道な訓練をコツコツ続ける辛抱強さだろう。

　この本を日々の文書作成でロジカル・ライティングを実践するための手引きとしてぜひご活用いただきたい。

LOGICAL WRITING

はじめに

第1部 メッセージの組み立て

第1章 組み立ての準備　3

1. ビジネスの中で「書くこと」を理解する　4
書くことの目的　4
書き始める前の落とし穴　5

2. コミュニケーションの設定を確認する　7
テーマの確認──いくつの、どのような「問い」に置き換えられるか？　7
期待する反応の確認──読み手に何をしてほしいのか？　9
読み手の確認──「隠れた読み手」はいないか？　11
書き手の確認──文書の発信者は誰か？　12

3. 組み立てのイメージを持つ　13
組み立ての大原則　13
組み立てへのヒント　14
COLUMN ●アクションの説明が包含すべき「空」「雨」「傘」　18

第2章 本論の組み立て（1）──ロジカル・シンキング概説　19

1.「論理的」の意味を理解する　19

2. 論理的に思考を整理する道具を持つ　22
MECE──重複・漏れ・ずれなく分ける　22

　　　　So What?/Why So?——要するにどういうことか？を正しく引き出す　27

　3．論理的に組み立てる道具を持つ　31
　　　　論理の基本構造　31
　　　　並列型の論理パターン　34
　　　　解説型の論理パターン　37
　　　　COLUMN● So What?/Why So? の訓練法
　　　　　　——「以下のとおり・次のとおり」のご法度ルール　42

第3章　本論の組み立て（2）——ロジカル・シンキングの実践　45

　1．論理パターンの組み立て方を理解する　45
　　　　「結論から根拠へ」の組み立て　46
　　　　「根拠から結論へ」の組み立て　47
　2．論理パターンを組み立てる——ベータ社のケース　50
　　　　Step 1：「問い」を確認し、論理パターンを選ぶ　53
　　　　Step 2：上から下に MECE に枠組みを作る　54
　　　　Step 3：下から上に So What?/Why So? する　61
　　　　COLUMN●ロジカル・シンキングは筋力トレーニングと同じ？　65
　　　　COLUMN●ロジカル・シンキングとツー・カー・コミュニケーション　76

　3．論理パターンをセルフチェックする　77
　　　　Check 1：読み手の Why So? に過不足なく答えているか？　78
　　　　Check 2：要旨は明快か？　78
　　　　Check 3：結論を先に伝えるか、根拠を先に伝えるか？　82

　補論　複数の論理パターンのセルフチェック　88
　　　　Check 1：答えるべき「問い」に答えているか？　88
　　　　Check 2：要旨は明快か？　90
　　　　Check 3：各論理パターン間の説明のバランスは適切か？　92

第4章　導入部の組み立て　93

1. 避けたいありがちな例から学ぶ　93
埋没タイプ　94
表題の繰り返しタイプ　99
ご挨拶に終始タイプ　102

2. 導入部とは何かを理解する　104
第1の観点——コミュニケーションの設定の共有　106
第2の観点——読み手の視点に立ったコミュニケーションの棚卸し　109
組み立ての留意点　116

3. 導入部を組み立てる——ベータ社のケース　118
第1の観点——コミュニケーションの設定の共有　118
第2の観点——読み手の視点に立ったコミュニケーションの棚卸し　120

第2部　メッセージの表現

第5章　組み立ての視覚化　127

1.「見てわかる」文書を作る　127

2. Point 1：表題・見出しを明記する　132
表題でテーマと期待する反応を示唆　132
見出しで組み立てを明示　133
項目型と So What? 型の見出しの使い分け　135

3. Point 2：記号・スペースを活用する　137
論理パターン上の位置を記号・スペースで明示　137
記号に託す MECE と So What?/Why So? の関係　139

4．Point 3：文頭で説明の切り口を明示する　143

補論　視覚化の応用　146
規定書式への応用　146
プレゼンテーション資料への応用　149

第6章　メッセージの日本語表現　153

1．ビジネス文書で重要な3つの要件を理解する　154

2．要件1：具体的に表現する　156
物事の「中身」を表す　156
曖昧な言葉や表記方法に注意する　163

3．要件2：論理的な関係を正しく表現する　169
MECEな関係を表す　170
So What?/Why So? の関係を表す　174

4．要件3：簡潔に表現する　182
文の作りをシンプルにする　182
無駄な表現を削る　187
COLUMN●ジャーゴンを自覚して使っていますか？　191

まとめ──セルフエディティングのためのチェックリスト　192

おわりに　194

カバーデザイン／竹内雄二
本文DTP／アイランドコレクション

第1部

メッセージの組み立て

第1部では、文書の中身、つまり、論理的であり、納得感のあるメッセージを組み立てるスキルを習得しよう。このスキルは、書く場合だけでなく、口頭で説明する場合、あるいは図解データを使ってプレゼンテーションで伝える場合にも共通して適用できる。ここでは2つの視点が大切だ。

　1つは、わかりやすく、論理的に組み立てるための道具を持つこと。「論理的に組み立てる」などというと難しく聞こえるかもしれないが、やるべきことは単純なことだ。結論は何で、それに対して相手から「なぜ？」と問われたら、いくつの、どのような根拠を説明するのか？　その根拠に対して再び「なぜ？」と問われたら、今度はいくつの、どのような根拠を説明するのか？──これをはっきりさせればよい。このとき、考えるための道具があれば、効率的、効果的に思考を整理できる。その道具、「ロジカル・シンキング」とはどのような考え方なのか、また、それをどう使うのかを第2章と第3章で取り上げよう。

　もう1つは、ロジカル・シンキングの準備と仕上げを手抜かりなく行うこと。ロジカル・シンキングをコミュニケーションに活かすには、その前後への目配りが欠かせない。前の「準備」は、文書を使ってどのようなコミュニケーションをすべきかをはっきりさせること。後の「仕上げ」は、自分が行おうとしているコミュニケーションを読み手の視点から見直してみることだ。そして、準備と仕上げともに常に一定の歩留まりで行えるように方法論を持つことだ。それを第1章と第4章で取り上げる。

第1章
組み立ての準備

　「Aさんは大変仕事熱心だが、これも調べました、あれも調べてみました、ここまで分析しました、と言わんばかりに、やったこと全部を山盛りにした報告書を書いてくる。そのわりにピンとくる部分が少ないんですよ。この状態、どうにかならんもんですかなぁ」とぼやきのB室長。
　「B室長の指示がいつも漠然としていて困っています。今も『新規チャネル開拓についてレポートしてくれ』なんて、壮大なお題をもらっているのですが、いったいどうまとめればいいのか……。この報告を何に使うのかもよくわからないし……。でも、とにかく期限までに書かないといけないので、山のようなデータと格闘しています」とは悩める部下、Aさんの言。

　「日々の業務の中の文書作成について困っていることは？」とビジネスパーソンの方々にヒアリングすると、こんな声をよく耳にする。この発言の意味するところは深刻で、わかりにくい文書へとつながる落とし穴にまんまとはまってしまっているようだ。それは、メッセージをわかりやすく、論理的に組み立てるロジカル・シンキング以前の、ましてや的確な日本語表現のスキル以前の落とし穴だ。その落とし穴とは何か、穴に落ちないためにはどうしたらよいか──。まずは、そこから考えていこう。

1. ビジネスの中で「書くこと」を理解する

書くことの目的

　文書の組み立てを始めるとき、何はともあれ、自分はこれから文書を書くことによって、どんなコミュニケーションをしたいのかを確認しよう。その際、常に、図1-1を思い浮かべてみよう。どんなに込み入ってややこしく見える報告、提案、依頼、あるいは指示も、ビジネス・コミュニケーションである以上、すべて、「伝え手（書き手）」「相手（読み手）」「テーマ」「答え」「期待する反応」という5つの基本要素で整理できる。

　まず、情報の発信者である書き手がいて、コミュニケーションの受け手である読み手がいる。

　書き手と読み手の間には、これから書く文書のテーマが存在する。例えば、「新規チャネル開拓についてレポートしてくれ」とか「新製品Xの市場シェア（占有率）向上について報告してくれ」というように、テーマを与えられて書く場合もある。また、提案したり、依頼したりする場合には、書き手が自分からテーマを掲げて書く。

　テーマに対する説明が「答え」だ。報告書ならば報告の中身、提案書ならば提案の中身、依頼文ならば依頼の中身になる。冒頭のAさんのように文書作成に悩む人の多くが、この「答え」に何を書いたらよいのか、「答え」をどうまとめるかに驀進(ばくしん)してしまう。

　確かに「答え」は大事だが、「答え」を伝えることが文書を書くことの目的だろうか。いや、そうではない。ビジネス文書では、「答え」を読み手に示すだけで終わっては、仕事は前に進まない。答えを示したうえで、その文書を読んだ相手にこうなってほしいという、しかるべき反応を読み手から引き出すことで仕事が進む。この、相手から引き出したい反応が「期待する反応」だ。

4　第1部　メッセージの組み立て

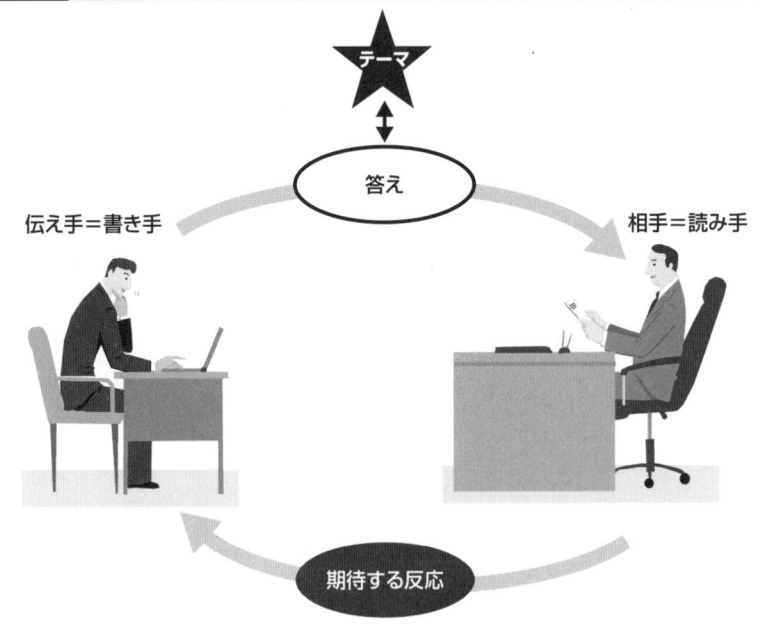

図1-1 ビジネス・コミュニケーションの仕組み

　上司に報告書を書くのなら、それを読んだ上司から例えば、「よし、報告してくれたこの対応策を早速進めてくれ」と判断を引き出す。顧客に提案書を書くのならば、それを読んだ顧客から、「次回、もう少し詳しくこの新サービスの特徴を説明してくれないか」と次の商談の機会を引き出す――。このような、読み手に期待する反応が必ずあるはずで、それを引き出すために私たちは仕事の中で文書を書く。期待する反応を引き出すことこそ、書くことの目的だ。

書き始める前の落とし穴

　さて、コミュニケーションの仕組みを念頭に置いて、いま一度、冒頭のAさんとB室長の話を思い出していただきたい。図1-1に照らすと、Aさ

んとB室長は、2つの落とし穴に陥っている。

　第1の穴は、そもそも何について書くのか、という「テーマ」が曖昧ということだ。「新規チャネル開拓について」という曖昧なテーマを、そのまま抱え込んでしまっている。Aさんとしては、B室長から出てきた「新規チャネル開拓について」という壮大なお題を具体化してみなければ、何が自分の「答え」になるのか、悩むのも無理はない。

　第2の穴は、何のために報告を書くのか、という「期待する反応」が、視界から消え去ってしまっている、ということだ。Aさんは報告書を読んだB室長にどうなってほしいのか。おそらく、B室長自身、目的が曖昧なまま指示を出し、それを受けたAさんも、室長に期待する反応を曖昧なままにして、「答え」をどうまとめるかに腐心している。

　この2つの穴に落ちつつも、仕事熱心なAさんゆえに、「ともかく何かまとめて提出しなきゃ」と、提出期限まで突き進むことは想像に難くない。実際、テーマが曖昧、期待する反応が曖昧、という2つの穴に落ちたまま「答え」を書くことに邁進し、これがわかりにくさの原因になっているケースは多い。しかし、これでは書くこと自体が目的化してしまい、「やったこと全部を山盛りにした報告書を書いてくる。そのわりにピンとくる部分が少ない……」となってしまう。

　テーマ、期待する反応に、読み手、書き手、を加えた4つの要素は、「何について、何のために、誰が、誰に向けて書くのか」という、文書作成の根っこのようなものだ。本書ではこの4つを「コミュニケーションの設定」と呼ぶ。「答えには何を盛り込もうか？」「答えをどう組み立てようか？」と「答え」についてあれこれ思い悩む前に書き手がやるべきことは、テーマと期待する反応を中心に「コミュニケーションの設定」をしっかり確認することだ。

2. コミュニケーションの設定を確認する

　コミュニケーションの設定の確認の勘所はどこにあるのだろうか。図1-1に沿って、コミュニケーションの設定の確認のポイントを見ていこう。
　コミュニケーションの設定の中心、テーマと期待する反応から始めよう。

テーマの確認——いくつの、どのような「問い」に置き換えられるか?

　ビジネス文書のテーマを「顧客からのクレームについての報告」とか、「製品Xの市場シェア向上についての報告」といったようにとらえることは多い。だが、この「○○について」というのが曲者だ。なぜなら、クレームについて何を、製品Xについて何を書くべきかが曖昧模糊としているからだ。テーマは具体的にしよう。それには、テーマを、読み手に答えるべき「問い」に置き換えてみることだ。

　「問い」の中身はもちろん文書によって千差万別だが、大きくとらえると、どのような種類があるのだろうか。ビジネスでは、例えば、「製品Xの市場シェアについての報告」といったテーマの下、最終的には、製品Xの市場シェア向上策とか、売上の一層の拡大策などのアクションの説明が必要なことが多い。最終的に何らかのアクションを説明する場合、テーマは、「現状はどうなっているのか?」「課題は何か?」「アクションは何か?」という3種類の「問い」に大きく切り分けることができる。

　この3種類の「問い」を念頭に、「製品Xの市場シェア向上について」というテーマを具体的にしてみると、例えば、

第1章 組み立ての準備

【問い】	【答え】
問い①「製品Xの市場シェアの現状はどうなっているのか？」→	「現状は……である」
問い②「製品Xのシェア低迷を招いている課題は何か？」→	「課題は……である」
問い③「課題解決のためのシェア向上策は何か？」→	「シェア向上策は……である」

となる。問い①への答えは、製品Xの市場シェア低迷の状況説明だ。問い②への答えは、シェア低迷という現状の背景に、どのような課題が潜んでいると考えるのか、書き手の課題認識だ。問い③への答えは、課題解決のためのアクションになる。

また、例えば、顧客Y社からクレームを受け、その報告メールを上司に書くとする。先ほどの3種類の「問い」を意識して、このテーマも「問い」に置き換えてみよう。

【問い】	【答え】
「そもそも何が起きたのか？」→	「実際に起きたのは、……である」
「顧客の要望は何か？」→	「顧客の要望は、……であった」
「クレームが起きた問題点は何か？」→	「この背景には、……の問題がある」
「実行すべき対応策は何か？」→	「とるべき対応は、……である」

ここでは、「現状はどうなっているのか？」という問いを、「そもそも何が起きたのか？」「顧客の要望は何か？」の2つに分けている。

こうしてテーマを「問い」に置き換えてみると、まず、自分が書きたいこと、書けることを書くのではなく、「『問い』に答えること」が必要だと、改めて自覚できるのではないだろうか。さらに、テーマを「問い」に置き換えることによって、いくつの答えを用意すべきで、どの「問い」に主眼

を置いて答えを用意すればよいかを把握することができる。もちろん、「製品Xの現状報告」というように、テーマがはじめから絞り込まれ、答えるべき「問い」が「製品Xの現状はどうなっているのか？」の1つのみ、というケースもある。一方、テーマが上記のように複数の「問い」に置き換えられるときもある。その場合、これから見ていくように、期待する反応、書き手、読み手を確認しておけば、どの「問い」が特に重要なのかを考察できる。

期待する反応の確認――読み手に何をしてほしいのか？

次に、テーマに引き続いて、読み手に「期待する反応」を確認しよう。

メールや文書を読み終わって、「それで、いったい私は何をしたらいいのか？」と考え込んだり、「これ、参考までに読んでおけばいいということですよね？　特に何かをしなければいけないということはないですよね？」などと念を押したくなったりすることはないだろうか。読み手がこんなふうに思うとしたら、その文書は、期待する反応を読み手に伝えられておらず、「答え」だけを書きっ放しにした状態になっている。その結果、思ったとおりの反応が速やかに戻ってこないのでは、業務は効率的に進まない。もちろん、読み手にとっても非効率なコミュニケーションになる。

期待する反応の中身もコミュニケーションによって常に千差万別だが、大きく分ければ、次ページの図1-2のように3つある。「理解してもらう」「フィードバックしてもらう」「動いてもらう」のうちのどれを読み手から引き出したいのかを考えたうえで、反応の中身を具体的に詰めておこう。

例えば、件の「製品Xの市場シェア向上について」の報告の場合。報告相手の上司に「報告内容について了承してもらうことが『期待する反応』だ」と考えたとしよう。これだけではまだ具体的とは言いがたい。詳細は今後検討するにせよ、シェア向上策の大筋について上司から承認を得たい

図1-2 読み手に「期待する反応」の3タイプ

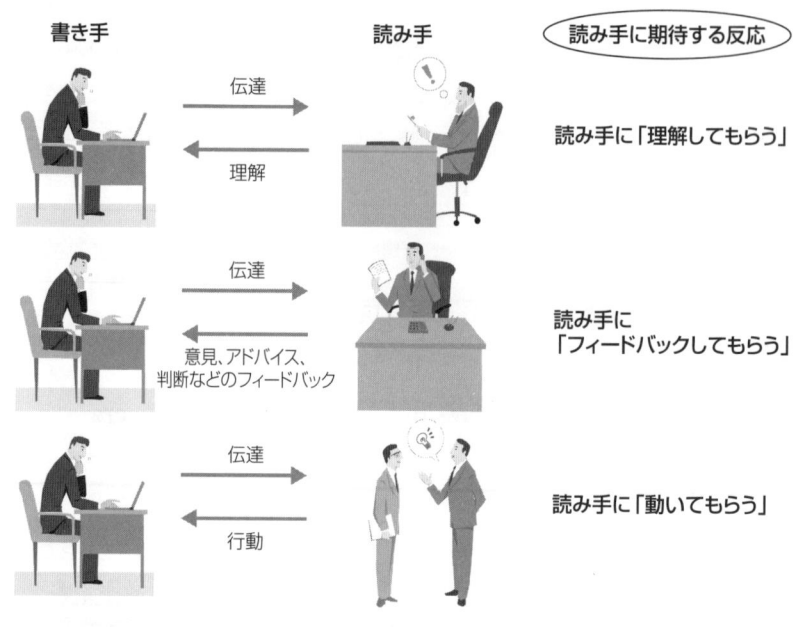

のか。あるいは、直ちにシェア向上策に着手するよう、実行のゴーサインを出してもらいたいのだろうか。

また、先のクレーム報告メールの例では、書き手はメールを読み終えた上司にどうしてほしいのだろうか。例えば、書き手としては「自分がすでに講じた対応とこれから進める対応を承認してもらいたい。さらに、類似事故の防止策を関連部門と共同で検討するため、該当部署に呼びかけてもらいたい」のだとする。「この対応でよし」という判断と、「関連部署への働きかけ」という行動を引き出したいわけだ。

このレベルまで具体的に詰めておこう。

期待する反応からテーマを考える

　期待する反応を具体的に考えておくと、テーマが複数の「問い」に分かれる場合に、どれに主眼を置いて説明すればよいのか、ヒントを得ることができる。

　例えば、自社のサービスYの提案書を書く場合。最終的に顧客に期待するのはYの導入だが、営業活動の段階ごとに期待する反応は異なるはずだ。提案活動の初期ならば、「へぇ、こんなサービスがあるのか」「競合サービスと比べてもなかなかよさそうだ」と自社のサービスYを認知、理解してもらいたい。商談が進んでいけば、Y導入の条件やボトルネックを聞き出したい、ということもあろう。

　提案のテーマを、①「サービスYの特徴は何か？」、②「Yの期待効果はどのようなものか？」、③「Y導入にはどのような方法があるか？」、④「Y導入上の留意点は何か？」という「問い」に置き換えたとしよう。このどれに説明の主眼を置くかは、期待する反応によって違ってくる。サービスYに関する認知や理解を引き出したければ、まずは①や②の「問い」に十分な説明が必要だ。顧客がY導入の必要性をまだ全く感じていない段階なら、④の「問い」は割愛ということもありうる。導入条件などを聞き出したい段階になれば、他社の事例を使うなどして、③や④に主眼を置くべきだろう。

　「テーマ」と「期待する反応」が何かを確認したら、「読み手」と「書き手」についても確認しておこう。

読み手の確認──「隠れた読み手」はいないか？

　読み手は誰かを確認するときに気をつけたいのは、「隠れた読み手」の存在だ。例えば、顧客に提案書を出す場合、その直接の読み手は担当者Cさんだ。Cさんが提案に前向きであればあるほど、提案書はCさんだけでなく、その上司のD部長や関連部

署へと回されて検討される可能性が高い。顧客から「期待する反応」を引き出すためには、D部長や関連部門のキーパーソンなど、Cさんの背後にいる、いわば「隠れた読み手」も重要だ。こうした隠れた読み手がいるかどうかを確認してみよう。

読み手からテーマを考える

読み手を確認したら、テーマに関する読み手の関心や懸念点をチェックする。テーマを置き換えた「問い」が、読み手にとって答えてほしい「問い」なのか、複数の「問い」があれば、その中に読み手の関心事が含まれているのか、あるいは、どこに懸念を感じているかを考えてみよう。

先のクレーム報告メールの場合、報告を受ける上司の関心は、「そもそも何が起きたのか？」「顧客の要望は何か？」「クレームが起きた問題点は何か？」「実行すべき対応策は何か？」という一連の「問い」のどこにあるだろうか。

上司にしてみると、何が起きたのか、顧客の要望は何かを正確に説明してもらうなど当然のことかもしれない。クレームという事態がなぜ起きたのか、という書き手の課題認識を重視している可能性がある。それが把握できなければ書き手の考えた対応策の良し悪しを判断できないからだ。「クレームが起きた問題点は何か？」をしっかり説明する必要がある。

書き手の確認──文書の発信者は誰か？

ここでいう書き手とは、文書の発信者だ。ビジネスでは部門長や上司の名前で発信する文書を作成することもあるが、この場合、書き手は部門長や上司になる。

同じテーマについて説明をする場合でも、発信者がビジネスや組織の中でどのような立場にあるかによって、例えば全社的な視点か、その担当分野の視点か、というように説明の視点が変わってくる。また、立場によっ

て、ここに主眼を置き、逆にこれはさらりと説明すべきだ、ということもあるだろう。言い換えれば、どのような視点で、何に主眼を置いて説明したいかによって、ふさわしい情報発信者を設定すべきであるということだ。

書き手からテーマを考える

　例えば、自社の販売代理店に向けて、製品・サービスの品質向上プロジェクトへの協力要請をテーマに文書を書くとしよう。テーマを、①「製品・サービスの品質向上に取り組む背景は何か？」、②「プロジェクトの目的・概要は何か？」、③「代理店に何をしてもらいたいのか？」という「問い」に切り分けたとする。

　通常ならば代理店への要請事項の書類は営業部長から発信する。しかし、今回は営業統括本部長が発信者だ。そこで、①や②について、自社の経営にとって今回のプロジェクトが持つ意義を全社的な視点から説明して代理店の理解や協力を仰ぐ。③については、本部長からは全体像のみを説明して、詳細な説明は改めて営業部長から発信する、という方法が考えられる。

　ここまで見てきたように、テーマ、期待する反応、読み手、書き手、という「コミュニケーションの設定」の確認とは、伝え手自身が、自分としてはどのようなコミュニケーションをとればよいのかをはっきりさせることだ。これは、ものを伝えることの第一歩であり、文書作成はもちろん、話して伝える場合にも当てはまる。

3. 組み立てのイメージを持つ

組み立ての大原則

　確認したコミュニケーションの設定は、当然ながら、読み手とも共有す

る必要がある。「何について、何のために、誰が、誰に向けて書いているのか」に納得感を覚えてはじめて、読み手は「では、この文書を読んでみるか」と、コミュニケーションの土俵に上がる気分になる、というものだ。

　文書の中で、コミュニケーションの設定を読み手に説明するセクションが「導入部」だ。導入というくらいだから短く、文書の冒頭部分に位置する。導入部に引き続き、テーマへの「答え」を、結論と根拠を論理的にわかりやすく構成して説明する箇所が「本論」だ。

　文書の中心はもちろん「本論」だが、読み手にとって、文書によるコミュニケーションは「導入部」からスタートする。導入部の説明に納得感が足りなかったり、ましてその影も形もなければ、読み手にコミュニケーションの土俵に上がってもらうことすらできない。納得感のある「導入部」があるかないかは、相手にわかってもらいたいという、読み手のコミュニケーション・マインドの量を示す、とも言えるのではないだろうか。「導入部なんてこれまで気にしてこなかった」という方は、認識を新たにして、ぜひ、第4章をご覧いただきたい。

　「導入部」と「本論」を合わせたものが文書で伝えるべきメッセージの全体だ。長い文書も短い文書も「導入部」と「本論」から成る。これは、ロジカル・ライティングの組み立ての大原則だ。

組み立てへのヒント

　コミュニケーションの設定の確認は、これから組み立てていく導入部と本論の輪郭をつかむための、いわば準備運動でもある。

　図1-3に示したように、コミュニケーションの設定を説明する箇所が導入部である。この導入部については、コミュニケーションの設定を確認することによって、骨子を下書きしたことになる。導入部の中では、「何について、何のために書くのか」というテーマと期待する反応が土台になる。導入部は、本論の後で組み立てるが、その際、下書きがあれば、それを読

図1-3　コミュニケーションの基本要素と文書の組み立ての対応

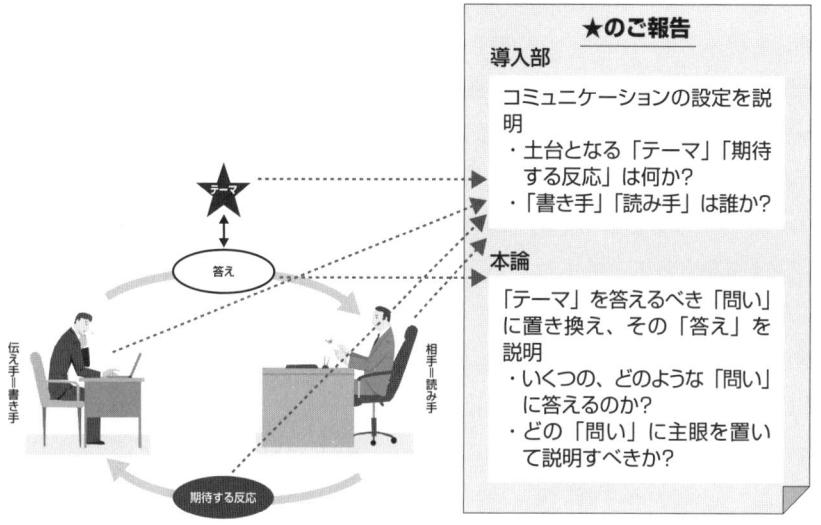

み手の視点からチェックして手早く最終的な内容を固めることができる。メッセージの組み立ては、導入部に始まり、導入部に終わるといってもよい。

　一方、本論については、コミュニケーションの設定がはっきりすると、その組み立てについて大まかなイメージを持つことができる。

　出発点はテーマを「問い」に置き換えることだ。例えば、先に挙げたような、「製品Xの市場シェア向上について」という漠然とした報告テーマを、問い①「現状はどうなっているのか？」、問い②「課題は何か？」、問い③「アクションは何か？」と3つの問いに置き換えてみる。期待する反応、読み手、書き手を確認することで、この中のいくつの問いに答えを用意すべきか、どの問いに主眼を置いて答えるべきかをつかむことができる。

　例えば、報告相手である上司に期待する反応が、「まずは現状と課題について理解し、シェア向上のための大筋について合意をしてもらう」なら、

第1章　組み立ての準備

問い①と②に力点を置き、問い③の説明は基本方針を述べるなど、簡略にしてよいだろう。これに対して、すでに現状と課題については上司も共通認識を持っており、「シェア向上策の実行を承認してもらう」ことが期待する反応なら、問い③の説明に主眼を置くべきだろう。

　読み手という観点からも、詳しく説明すべき問いを確認する。例えば上記のように、上司は問い①と②についてはすでに納得しており、目下の関心が問い③にあるなら、①②は簡単な説明にとどめ、③を詳しく述べる。①②は割愛することもありうるだろう。

　ちなみに、相手が関心を持つ「問い」と、期待する反応から導かれる重要な「問い」がミスマッチしたとしよう。自分としては、シェア向上策の実行を承認してもらうために、問い③「アクションは何か？」に重点を置きたいが、上司はアクション以前の問い②「課題は何か？」に関心を持っている、といったケースだ。この場合、まず、期待する反応が相手を考慮せずに先走っていないかどうかをチェックし、相手の関心事の問い②に十分な説明を用意しよう。さらに、なぜ、今シェア向上策の実行の承認が必要なのかを説明して、相手の関心を問い③にまで広げられないか、と考えることも有効だ。

　そして、書き手が製品Xを熟知する担当者である以上、問い③「アクションは何か？」の説明が、担当者ならではの広がりや詳しさを備えていてはじめて、読み手は納得する。例えば、新施策実行上の障害が想定されるときには、新施策の中身に加えて、障害克服の方法への言及なども必要になるだろう。

　このように、期待する反応、読み手、書き手の各観点から、テーマを考察することに意義がある。複眼的にテーマを考察することで、読み手に納得感を持ってもらえ、書き手にとっても期待する反応を引き出せる本論の輪郭をつかめるからだ。

　　　　　　＊　　＊　　＊

　「何について、何のために、誰が、誰に向けて書くのか」というコミュニケーションの設定が曖昧模糊とした状態。これが、わかりにくい文書の温床になる。特に気をつけたいのは、「何について、何のために書くのか」、つまり、文書のテーマと読み手に期待する反応が曖昧なまま、書く作業に驀進する、という落とし穴だ。行き先未確認の見切り発車は禁物だ。
　まずは、テーマ、読み手に期待する反応、書き手、読み手というコミュニケーションの設定をしっかり確認しよう。なぜなら、これから進める文書全体の組み立てのイメージを持てるからだ。導入部の土台となる、文書のテーマと期待する反応は何か。本論では、テーマをどのような「問い」に置き換えて答えればよいのか。答えるべき「問い」が複数あるならば、どれに説明の主眼を置くのか――この確認を通して組み立ての輪郭をつかむことができる。
　本章で取り上げた組み立ての準備は、一見、書くことからかけ離れているように見える。だが、わかりやすく論理的な文書をスムーズに組み立てるうえで欠くことのできない、必須の準備だ。「急がば回れ」はロジカル・ライティングにも当てはまる。準備が整い、導入部を下書きしたら、次は文書の核になる本論の組み立てに進もう。

COLUMN
アクションの説明が包含すべき「空」「雨」「傘」

　ビジネスでは、問題を解決するためのアクションを提案したり、指示したりするコミュニケーションが多い。私がエディティング・サービスを提供しているマッキンゼー社の日本オフィスでは、アクションを説明するコミュニケーションの中身を「空」「雨」「傘」になぞらえている。

　「傘」を持っていくべきか否かというアクションを説明する場合、そこには必ず、「空」と「雨」の説明が必要と考える。「空」は、「空は一片の雲もなく晴れ渡っている」、あるいは「上空は明るいが、西の空は暗い雲で覆われている」など、アクションの大前提になる状況説明だ。伝え手にとっても受け手にとっても等しい客観的な事実である。「雨」は、「傘」を持っていくか否かというアクションを、伝え手としては「雨が降る」と考えて導いたのか、「今日は雨は降らない」と考えて導いたのかを示す、判断の説明だ。実際の問題解決の中では、判断の中身は解決すべき課題のこともあれば、逆にチャンスのこともあるだろう。「空」と「雨」が揃ってはじめて、「傘」のアクションに相手は納得感を持てる、というわけだ。

　このように、「事実は何か」「課題は何か」「アクションは何か」をシンプルな記号で表してみる工夫は面白い。議論をするときなど、「今は雨や傘の話でなく、空の認識を合わせるべきだ」とか、「今の意見、空と雨の線引きをすると？」などと、コミュニケーションの交通整理の道具になる。

第2章
本論の組み立て（1）
ロジカル・シンキング概説

　答えるべき「問い」への「答え」が、文書の核になる本論だ。わかりやすく、論理的で読み手に納得感を持ってもらえる「答え」を、多くの情報や分析結果から組み立てるとき、勘と経験頼みのアプローチでは非効率だ。思考を整理し、論理的に組み立てるために、シンプルで汎用性の高い道具を活用しよう。

　その道具として用いたいのが、MECE、So What?/Why So?、論理パターンという3つの考え方からなる、ロジカル・シンキングのアプローチだ。この章では、ロジカル・シンキングのアプローチを概説しよう。

　詳しい解説が必要な方や、じっくり復習したい方は拙著『ロジカル・シンキング』（東洋経済新報社刊）で詳述しているのであわせてご参照いただきたい。

1.「論理的」の意味を理解する

　そもそも論理的とはどういうことだろうか。
　図2-1と図2-2の2つの説明の例を比較しながら考えてみよう。
　これらはどちらも、会議やセミナーなどの実行をサポートするサービスである「コンファレンス・サポート・サービス」を提供する企業がこのサービスを利用する顧客にとってのメリットをまとめたものだ。図2-1に比べて、図2-2のほうが、どんなメリットがあるのか、ポイントをずっと把

図2-1　わかりにくい説明の例

説明の例1

「コンファレンス・サポート・サービス」のメリット

① 事務局ご担当者の労力を最小化します
② 効果的な会議を実現します
③ コスト削減をサポートします
④ 会議開催にかかわるすべての会計業務を行います
⑤ 交通機関での移動は割安な方法をご提案します
⑥ 効果的な会議のために、目的に合ったロケーション、設備、雰囲気を備えた会場を手配します
⑦ 目的に合った創意あふれるプログラム案をご提案します
⑧ 目的に合った創意あふれるアクティビティをご提案します
⑨ 当該分野の優秀な通訳を手配いたします
⑩ 提携施設でコーポレート料金を適用させていただきます
⑪ 参加者から参加費用を徴収、管理します
⑫ 会議の企画から運営、事後処理まで、事務局機能をお引き受けします
⑬ 一連の事務局業務を代行します

▼

情報を羅列した状態

握しやすい。両者の違いは何だろうか。

　図2-1は、さまざまなメリットが順不同に羅列してある。魅力的なメリットがいろいろとあるようだが、残念ながら、大きくとらえるとどのような類のメリットを得られるのか、すぐに全体像をつかめない。

　また、羅列した個々のメリットには意味の重複もありそうだ。例えば、「⑫会議の企画から運営、事後処理まで、事務局機能をお引き受けします」と「⑬一連の事務局業務を代行します」。これらは、結局は「企画から準備、運営、事後処理まで、事務局機能を代行いたします」ということになるだろう。

　さらに、個々のメリットの具体性にもずれがありそうだ。「⑤交通機関で

図2-2　わかりやすく組み立てた説明の例

説明の例2

「コンファレンス・サポート・サービス」のメリット

■コスト削減をサポートします
　提携施設でコーポレート料金を適用させていただきます
　交通機関での移動は割安な方法をご提案します

■ご担当者の業務の省力化が可能です
　企画から準備、運営、事後処理まで、事務局機能を代行いたします
　参加者からの参加費用徴収を含め、会議開催にかかわるすべての会計業務を行います

■効果的な会議を実現します
　会議の目的に合ったロケーション、設備、雰囲気を備えた会場を手配します
　創意工夫あふれるプログラム案やアクティビティをご提案します
　当該分野の優秀な通訳を手配いたします

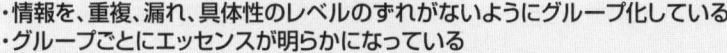

・情報を、重複、漏れ、具体性のレベルのずれがないようにグループ化している
・グループごとにエッセンスが明らかになっている

の移動は割安な方法をご提案します」や「⑩提携施設でコーポレート料金を適用させていただきます」と、「③コスト削減をサポートします」とが同列に並んでいる。しかし、これらは、⑤と⑩ができるので③ができる、という関係であり、同列に並べるべき関係ではなさそうだ。

これに対して図2-2はどうだろう。図2-1との違いを突き詰めれば2点ある。

1つは、コンファレンス・サポート・サービスのメリットを羅列するのではなく、3つにグループ化している。この3つのグループはお互いに内容の重複がなく、また3つのグループの中のメリットには具体性のレベルにずれもない。これら以外に、漏れているメリットがないならば、顧客が享受

できるメリットは3種ある。それが図2-2ではすぐにわかる。

2つ目は、「コスト削減をサポートします」「ご担当者の業務の省力化が可能です」「効果的な会議を実現します」というように、3種のメリットが結局何であるかも伝わってくる。

図2-2のようにまとめてあれば、コンファレンス・サポート・サービスのメリットの全体像をぐっとつかみやすいのではないだろうか。

説明内容を羅列するのではなくグループ分けすること、そしてグループ分けした情報から言えることは結局何なのかというエッセンスをクリアに示すこと——。この2点こそ、論理的に組み立てることの根本だ。

2. 論理的に思考を整理する道具を持つ

問題は、説明内容をいかにグループ分けし、そこからいかにエッセンスを引き出すかだ。そのために用いる、思考を整理するための道具が、MECEとSo What?/Why So?だ。これらは、論理的にわかりやすく組み立てるロジカル・シンキングのアプローチの基本になる。ここではまず、MECEとSo What?/Why So?を理解しよう。

MECE——重複・漏れ・ずれなく分ける

ある事柄や概念、あるいは雑多な情報を説明する際に、その全体像を把握しやすいように、説明の対象を重なりなく、また、全体として漏れのない部分に分けてとらえること。それが、MECE（Mutually Exclusive and Collectively Exhaustive、相互に重なりがなく、全体として漏れがないの意）という考え方だ（図2-3）。この呼称は経営コンサルティングのマッキンゼー社で使われてきた。

MECEという考え方を使って、説明の中身を、異質のものが入り交ざっ

図2-3　MECEとは？

ある事柄や概念を、重なりなく、しかも全体として漏れのない部分の集まりでとらえること

Mutually **E**xclusive and **C**ollectively **E**xhaustive
（相互に重なりなく）　　　　（全体として漏れがない）

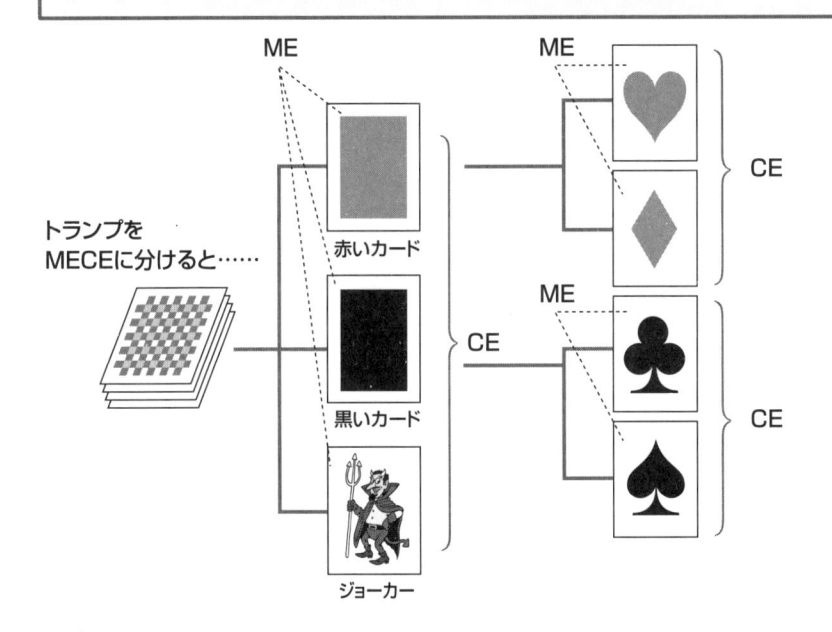

トランプをMECEに分けると……

- 赤いカード
  - ハート
  - ダイヤ
- 黒いカード
  - クラブ
  - スペード
- ジョーカー

たり、順不同に並ぶ羅列の状態から、重複・漏れ、また具体性のレベルにずれがないようにグループ分けした状態へと整理するわけだ。

3種のMECE

MECEに情報をグループ化していくとき、大きく3つのタイプがある。

◎タイプ1　要素分解する

例えば、人間を男性と女性に分ける、あるいは顧客を性別や年齢などで

グループ化するなどのように、全体を構成要素に分けていく。その際、人間を男女に分ける、というように、本当にMECEであることを証明できるタイプのものもあれば、これで漏れや重複がないかといわれると証明はできないが、経営の分野でこれを押さえれば大きな重複・漏れ・ずれはない、という約束事になっているものもある。覚えておくとビジネス・コミュニケーションで活用場面が多いMECEのフレームワークの一例を挙げよう。

3Cは自社の現状をとらえる際に使う。顧客・市場（Customer）の状況、競合（Competitor）の状況、自社（Company）の状況という、Cで始まる3つの観点から自社や事業の現状の全体をとらえよう、というものだ。もちろん、市場の中に競合企業も自社も含まれる。しかし、ここでいう顧客・市場（Customer）の説明は市場全体や顧客の動向に絞り、個別のプレーヤーに関しては競合（Competitor）や自社（Company）という項目のもとで説明する、というのが3Cを使うときの前提になる。

また、4Pは、ある顧客層を設定したとき、その層にどのような商品やサービスをどう提供していくかという、広義のマーケティングを説明する際に使えるフレームワークだ。どのような特性を持つ製品やサービス（Product）を、どのような価格（Price）で、どのような訴求方法（Promotion）で、どのような販売チャネル（Place）を使って届けるのかを、4つのPで始まる項目で説明する。

◎タイプ2　ステップ分けする

物事を起点から終点まで、ステップに分けてとらえる考え方だ。例えば、メーカーの事業の仕組みを、製品を顧客に提供するまでのステップに分けて「技術」「生産」「販売」「アフターサービス」のように機能に分解してとらえる「ビジネスシステム」という考え方も、1つの例だ。また、業務の遂行プロセスを「Plan（計画）」「Do（実行）」「Check（実行内容のチェック）」「Action（改善）」というステップに分けることもできる。さらに、「過去」「現在」「未来」のように、物事を時間軸でステップ分けして説明内容を括

図2-4　MECEのタイプと覚えておきたい切り口の例

MECEタイプ1：要素分解する

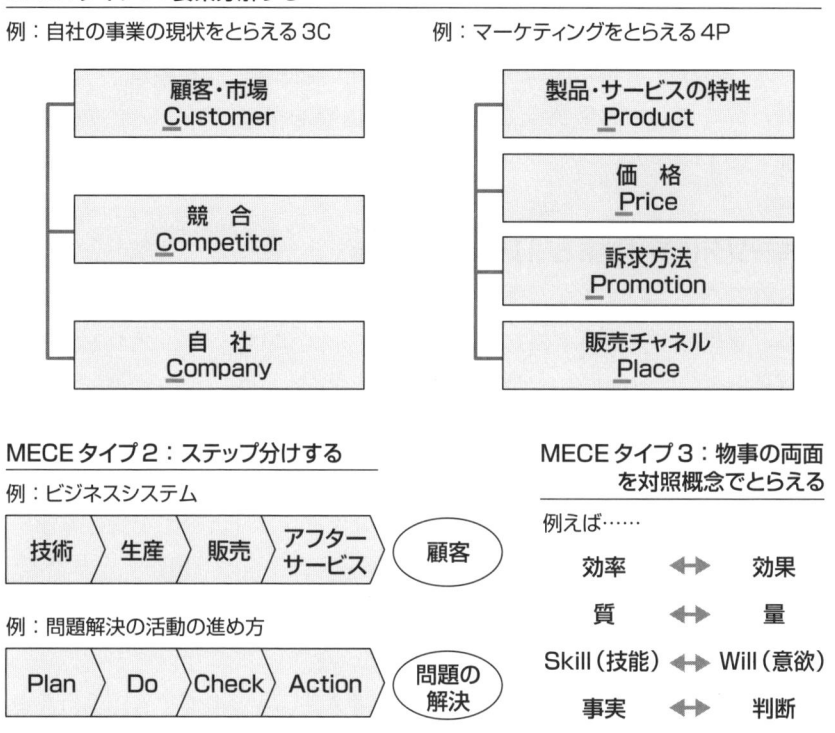

例：自社の事業の現状をとらえる3C

- 顧客・市場 Customer
- 競合 Competitor
- 自社 Company

例：マーケティングをとらえる4P

- 製品・サービスの特性 Product
- 価格 Price
- 訴求方法 Promotion
- 販売チャネル Place

MECEタイプ2：ステップ分けする

例：ビジネスシステム

技術 > 生産 > 販売 > アフターサービス → 顧客

例：問題解決の活動の進め方

Plan > Do > Check > Action → 問題の解決

MECEタイプ3：物事の両面を対照概念でとらえる

例えば……

- 効率 ⇔ 効果
- 質 ⇔ 量
- Skill（技能）⇔ Will（意欲）
- 事実 ⇔ 判断

る方法もある。

◎タイプ3　物事の両面を対照概念でとらえる

　例えば、業務改善の方法について上司に説明する場合を考えてみよう。当該業務の改善案でどれだけ効率化ができるか、という側面ばかりを説明しても、上司はその改善案の良し悪しを判断しかねるだろう。はたして実際にどれだけ顧客の満足度につながるのか、従業員満足にはどういう影響があるのか、といった効果の面も判断には欠かせない。効率と効果の両面

の説明が必要だ。

　効率と効果のように、セットで考えてはじめて物事の全体をとらえたことになる対照概念というものがある。例えば「質・量」「事実・判断」、また、人の能力を「Skill（技能）・Will（意欲）」の両面でとらえるというのも一例だ。こうした対照概念を使って説明内容をグループ分けすることもMECEの1つのタイプだ。

グループ分けの「数」と「見出し」が大事

　MECEの3つのタイプと例を頭の引き出しに入れておき、説明の内容をグループ化していく。そのとき、グループ分けの「数」と、グループごとの「見出し」に留意しよう。

　グループ分けの「数」については、説明の中身をわかりやすく示すためにMECEに分けるのだから、相手の頭の中に定着しやすい数を心がけよう。いくらMECEだからといっても、細かく分けすぎては、説明を受ける側にとっては説明のポイントを記憶しにくく、分けたことの効用が少なくなる。それ以前に、細分化しすぎては、伝え手自身が自分の説明にはいくつ、どのようなポイントがあるか把握するのが難しい。

　私は経験上、3つ前後の数が望ましいと考えている。多くても片手で数えられる数にとどめたいものだ。例えば6つ、あるいはそれ以上にグループ分けする必要がある場合には、いきなり細分化するのではなく、まずそれらを大括りに3つ前後に分けたらどうなるかと考えてみよう。

　また、グループに分けたら、必ず「見出し」をつけよう。その際、どのような観点からグループに括ったのか、その切り口を示すようにする。例えば、「競合の新製品Xのマーケティングの現状はどうなっているのか」をテーマに報告書を書くとしよう（図2-5）。調査結果を4Pのフレークワークによって4つのグループに括ったとする。この場合、「Xの商品特性についての情報」「Xの価格についての情報」「Xの販売チャネルについての情報」「Xの価値の訴求方法についての情報」と見出しをつけておく。報告書の紙

図2-5 MECEにグループ分けするときの留意点

競合製品Xのマーケティングの現状を説明する場合の例

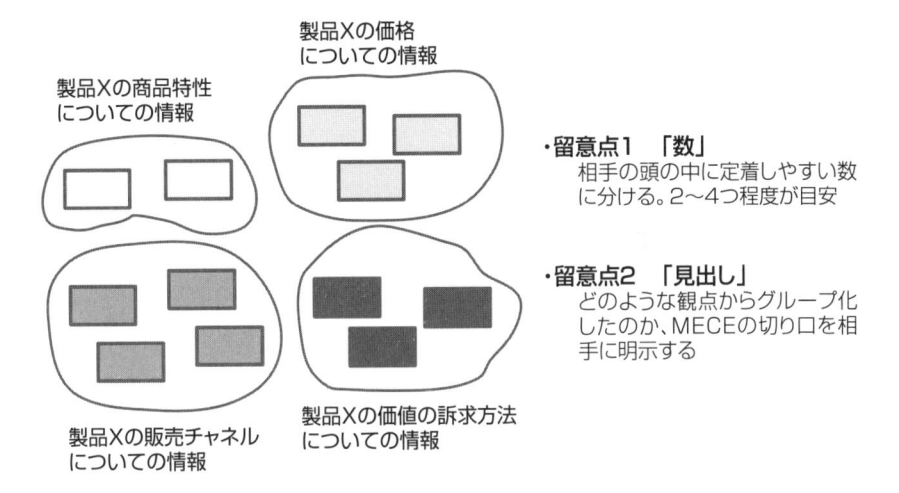

- 製品Xの商品特性についての情報
- 製品Xの価格についての情報
- 製品Xの販売チャネルについての情報
- 製品Xの価値の訴求方法についての情報

・留意点1 「数」
　相手の頭の中に定着しやすい数に分ける。2〜4つ程度が目安

・留意点2 「見出し」
　どのような観点からグループ化したのか、MECEの切り口を相手に明示する

面上でもこれら4つが「見出し」になるわけだ。

　説明内容をMECEにグループ分けし、グループごとに「見出し」をつけると、説明の枠組みが見えやすくなる。

So What?/Why So?──要するにどういうことか？を正しく引き出す

　MECEにグループ分けしたうえで、説明をさらにクリアにするには、各グループに属する複数の情報から「要するにどういうことなのか？」というエッセンスを絞り出して示すことが必要だ。

　この「要するにどういうことなのか？」がSo What? である。複数の情報の中から「要するにどういうことなのか？」と自問自答して、説明すべきエッセンスを抽出することをSo What? するという。

　例えば、会議などで、「……です。したがって、結局、……ということが

図2-6 So What?/ Why So?とは

So What?:
手持ちのネタ全体、もしくはグループ分けしたものの中から、答えるべき問いに照らしたときに言えることのエッセンスを抽出すること

Why So?:
So What?した要素の妥当性が、手持ちのネタ全体、もしくはグループ分けした要素によって証明されることを検証すること

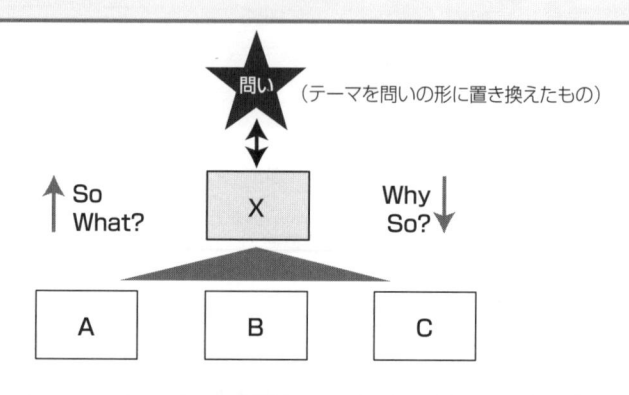

問い（テーマを問いの形に置き換えたもの）

↑So What?   X   Why So?↓

A   B   C

言えるわけです」と説明する場合、「したがって、結局」の前に述べた情報の中から、自分が答えるべき「問い」の「答え」になるように、重要なエッセンスを抽出する。このとき、「したがって、結局」の後に説明する内容は、前にある情報を So What? したものである。

　重要なことは、So What? した説明内容に対して、「なぜ、これが言えるのか？」と自問自答して元の情報と照らし合わせ、確かにその説明が成り立つことを検証しておくことだ。この、「なぜ、これが言えるのか？」と検証することを Why So? するという。So What? したものが、伝え手の思い込みや錯覚ではなく、元の情報から確かに説明できることをチェックするわけだ。この検証が甘いと、相手の「なぜなのか？」という疑問に答えられず、説得力のある説明にならない。

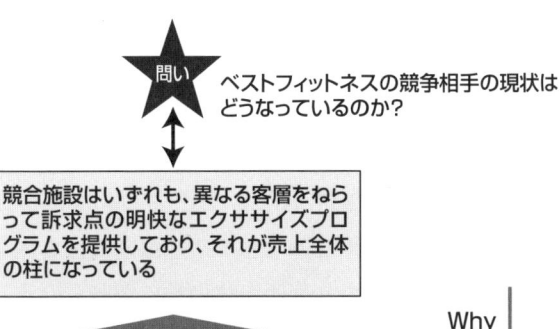

図2-7　So What?/Why So?の具体例

★問い　ベストフィットネスの競争相手の現状はどうなっているのか？

競合施設はいずれも、異なる客層をねらって訴求点の明快なエクササイズプログラムを提供しており、それが売上全体の柱になっている

↑ So What?　　　　　Why So? ↓

Aクラブ
Aクラブでは、今春以降、会員数、売上が拡大。その中で、美容アドバイスも受けられる「美しいマタニティライフ・スイミング」クラス、出産後に母子で楽しめる「ママとキッズのスイミング」クラスがおしゃれなマタニティ層の支持を集めて売上の柱になっている

Bジム
Bジムでは、特定のインストラクターの個別指導を必要としないエクササイズ中級者以上を対象にした低価格のセルフ・エクササイズプログラムを、早朝・夜間・週末に提供。健康志向のビジネスパーソンをつかみ、Bジムの売上に貢献している

Cセンター
Cセンターでは、ユーザーの健康状態に合わせてスポーツドクターとインストラクターが個別メニューを作り、インストラクターが指導する、というシニアクラスが富裕年配層に大人気。Cセンターの売上の半分を占めるまでに急成長し、全体の売上伸張に貢献している

　図2-6でSo What?/Why So? の関係を見ていただきたい。MECEに整理した情報A、B、Cを、設定された「問い」の「答え」になるようにSo What?したものが情報Xだ。そのとき、「問い」が現状を尋ねるものなら、Xは状況説明になる。「問い」が「課題は何か？」ならば、Xは課題の説明になる。「問い」が「アクションは何か？」ならば、Xはアクションの説明になるようにする。同時に、Xに対してWhy So?と自問自答して検証したときに、3つの情報A、B、CがあればXが成り立つ関係を作る。このとき、情報A、B、CがXを説明するうえで、重なり・漏れ・ずれがないMECEな関係であることが前提だ。

　図2-7で具体例を見てみよう。今、あなたはスポーツジムのベストフィットネスに勤務しており、近隣の競合相手の現状を調べ、上司に報告する

ことになったとしよう。図2-7は競合の現状説明の内容をSo What?/Why So?の考え方で整理したものだ。ベストフィットネスの競争相手は、Aクラブ、Bジム、Cセンターの3つだ。各施設の現状説明が並んでいる。So What?するとは、これら3つの情報から、「競争相手の現状はどうなっているのか？」という「問い」の「答え」になるように重要なエッセンスを引き出すことだ。So What?したものが、3つの情報の上にある、「競合施設はいずれも、異なる客層をねらって訴求点の明快なエクササイズプログラムを提供しており、それが売上全体の柱になっている」という説明だ。そして、この説明は、Why So?と自問自答すると、下のAクラブ、Bジム、Cセンターの説明があれば、確かに成り立つ。

Aクラブ、Bジム、Cセンター個々の説明に終わらず、それを正確にSo What?した中身を提示できれば、書いて伝える場合でも、話して伝える場合でも、相手は説明のエッセンスをすぐに把握できる。

このように、説明のエッセンスをクリアにし、なおかつ、それだけを言い放つのではなくて、Why So?と聞かれたら直ちに根拠を示せるように、複数の情報を整理すること。これがSo What?/Why So?という考え方だ。

MECEに分けるとは、同一平面上の説明内容を重なり・漏れ・ずれなくグループ分けして、相互の関係性を明らかにすることだ。これは説明内容の横の関係を作る。一方、So What?/Why So?するとは、平面上での説明内容を束ねて、それらのエッセンスを正しく抽出するということだ。これは説明内容の縦の関係を作る。

図2-1と図2-2に示したコンファレンス・サポート・サービスのメリットを説明した2つの例の違いは、MECEとSo What?/Why So?という2つの道具によって、縦と横の関係を整理してあるかどうかの違いと言える。

このサービスのメリットの例のように、説明の内容が短ければ、MECEとSo What?/Why So?の2つの道具を使うだけでも、論点をわかりやすく整理できる。

3. 論理的に組み立てる道具を持つ

　ところが、私たちがビジネス文書の組み立てに悩むとき、読み手に説明すべき内容はもう少々複雑だ。結論に対して、多くの根拠の要素を筋道立てて説明していく必要がある。そのときに、こう組み立てれば説明全体が論理的になる、という説明の型を持ち、それを組み立てのフォーマットとして使っていければ効率的だ。

　そのような説明の型として、論理パターンを紹介しよう。論理パターンは、MECEとSo What?/Why So?という2つの考え方に則って、結論と、それを支える複数の根拠を組み立てていく。

論理の基本構造

　初めに論理の基本とはどういうものか、その構造を理解しよう。論理とは、ある「問い」に対する答えの核の「結論」と、それを支える複数の「根拠」を関係づけて、1つの構造に組み立てたものだ。問題は、複数の根拠をどう関係づけるかで、ここで、先ほど紹介したMECEとSo What?/Why So?という考え方を用いる。論理は次のように定義できる。

論理とは……

　論理とは、問いへの答えを構成する結論と複数の根拠を、縦と横の2つの法則性で構造化したものであり、3つの要件を満たす。

要件1：結論が問いの「答え」になっている
要件2：縦方向には、結論を頂点に複数の根拠がSo What?/Why So?の関係にある
要件3：横方向には、複数の根拠がMECEな関係にある

この論理の基本構造を図示したのが図2-8だ。ある「問い」に対する答えが、結論Xを頂点として、Xとそれを支える複数の根拠（A、B、C、a-1、a-2、a-3、b-1、b-2、……）とで構成されている。

この図を用いて先の3つの要件を順に見ていこう。

◎要件1：結論が問いの「答え」になっている

既述のように、論理とは、ある問いに対する答えを組み立てたものだ。したがって、論理的に説明しようと思えば、第1章で取り上げたように「問い」を明らかにしておく必要がある。

そして、「問い」への「答え」の核が結論だ。当然ながら、問いと結論は合致しなければいけない。例えば、図2-8で「問い」が、「当事業の現状はどうなっているのか」ならば、結論Xは「当事業の現状は〇〇となっている」という状況の説明になる。もし、結論Xが「当事業部はマーケティング機能を強化するために、××に取り組む」などというアクションの説明になっていたとしたら、「問い」に答えていないことになる。そうなれば、結論と根拠をいくら正しく組み立てたとしても、的外れなコミュニケーションになってしまう。「問い」と「答え」を合致させる必要がある。

◎要件2：縦方向には、結論を頂点に複数の根拠がSo What?/Why So? の関係にある

図2-8を縦方向に上から下に見てみよう。このとき、上位の要素と下位の要素との間には、Why So? の関係が成り立っている。コミュニケーションの相手が結論Xに対して、「Why So?」と疑問を持ったとしたら、結論Xのすぐ下のA、B、Cがその質問への直接の答えになるわけだ。

同様に、要素Aについて、コミュニケーションの相手が「Why So?」と質問した場合の直接の答えが、a-1、a-2、a-3となる。同じように、相手の「Why So?」という質問に答える関係が、Bとb-1、b-2、b-3との間、Cとc-1、c-2、c-3との間にも成り立つ。

図2-8 論理の基本構造

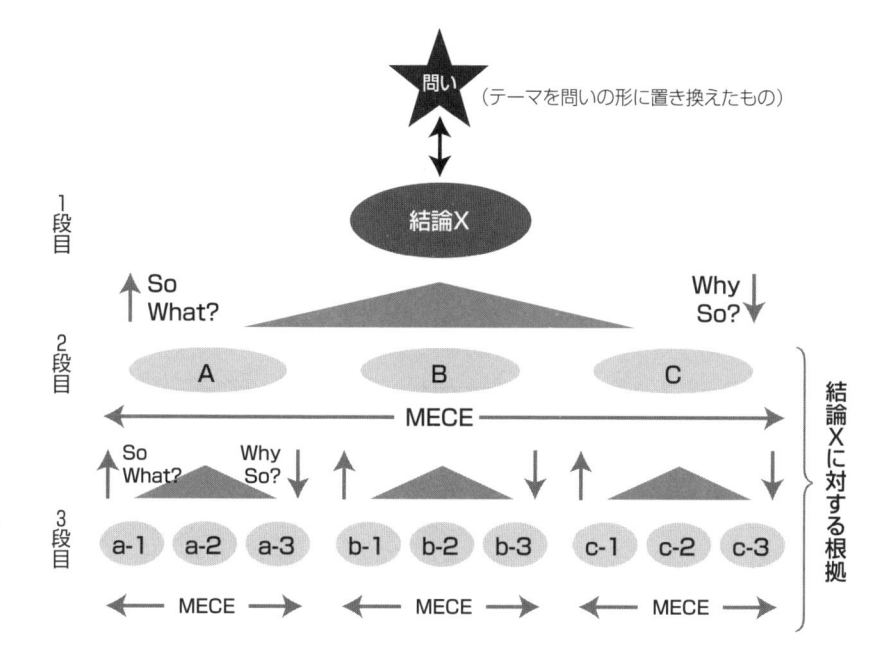

（図：論理の基本構造）

- 1段目：問い（テーマを問いの形に置き換えたもの）↔ 結論X
- 2段目：A、B、C（MECE）— So What? ↑ / Why So? ↓
- 3段目：a-1, a-2, a-3 / b-1, b-2, b-3 / c-1, c-2, c-3（各グループごとにMECE）
- 2段目・3段目は「結論Xに対する根拠」

　今度は逆に、図2-8を下から上に見てみよう。先述のようにWhy So? はSo What? と背中合わせの関係になるので、下から上にはSo What? の関係が成り立つ。

　a-1、a-2、a-3の3つをSo What? したものがAに、b-1、b-2、b-3をSo What? したものがBに、c-1、c-2、c-3をSo What? したものがCになる。さらに、要素A、B、Cを「問い」の答えになるようにSo What? したものが結論Xとなる。

　論理とはこのように、縦には複数の根拠がSo What?/Why So? の関係で話が飛ぶことなく並んでいる。伝え手が「結論はXです。なぜならばA、B、Cが言えるからです」と説明したとき、相手から見ても「なぜならば」のつながりを自然に納得できるということだ。

◎要件3：横方向には、複数の根拠がMECEな関係にある

　今度は図2-8を横方向に見てみよう。1つの階層の中に含まれる複数の根拠の間には、MECEな関係が成り立つ。

　2段目の要素A、B、Cの3つは、Xを説明するうえで相互に重複・漏れ・ずれのない要素にグループ分けされている。同様に3段目も、根拠a-1、a-2、a-3の3つ、根拠b-1、b-2、b-3の3つ、根拠c-1、c-2、c-3の3つが、A、B、Cそれぞれに対して大きく重複・漏れ・ずれのないように括られている。

　このように、So What?/Why So? とMECEを使って、上下方向の話に唐突感がなく、また、横方向に重複・漏れ・ずれがないように、結論と根拠を組み立てたもの——それが論理だ。

　この基本構造の下、並列型と解説型という2種類の基本の論理パターンがある。これらを説明の型にして「答え」を組み立てていくわけだ。2つの型の特徴、使い分けのポイントを概説しよう。

並列型の論理パターン

　並列型は、論理の基本構造そのものと言ってよい。図2-9のように、結論を頂点にそれを支える複数の根拠が、縦方向にはSo What?/Why So? の関係に、横方向には同一階層内の複数の根拠が相互にMECEになるように組み立てる。

　図2-9では、縦の階層は1層のみだが、もちろん、常に1階層とは限らない。これまでのコミュニケーションの経過を振り返り、説明を受ける相手が、結論に対してどの階層まで「Why So?」と疑問を持つのかを考えてみよう。その疑問に過不足なく根拠を提示できるように階層化する。

　もちろん、相手がどこまで「Why So?」と疑問を持つのかがわからない、あるいは疑問を持つだけの興味がない、という場合もある。その際には、伝え手としてどの階層の根拠まで伝えれば、結論を正しく理解してもらえ

図2-9　論理パターン①——並列型

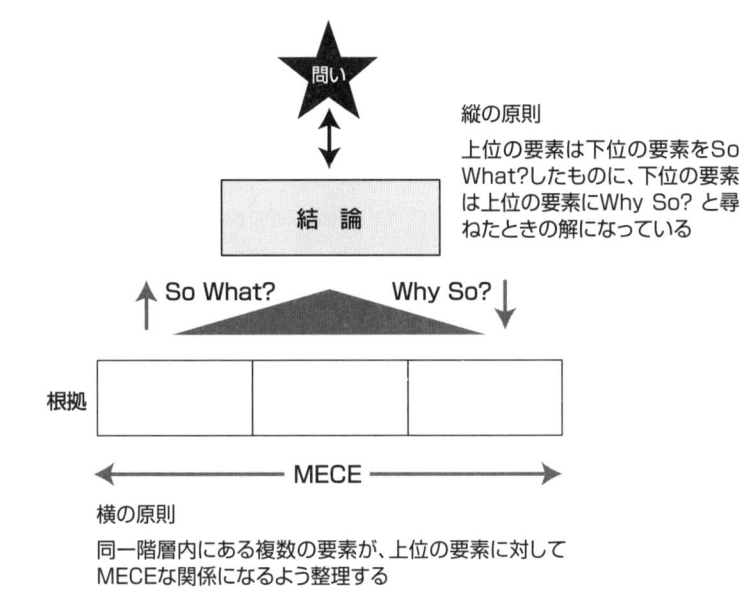

縦の原則
上位の要素は下位の要素をSo What?したものに、下位の要素は上位の要素にWhy So?と尋ねたときの解になっている

横の原則
同一階層内にある複数の要素が、上位の要素に対してMECEな関係になるよう整理する

るかを考えて、階層化の数を決めていこう。

　また、図2-9では、根拠は3つにMECEに分かれている。このグループ化の数も3つとは限らない。MECEの項で述べたように、コミュニケーションの相手の頭の中に定着しやすい数に括りたい。それには3つ前後が理想的だろう。

図2-10 並列型の例

問い：プリマ百貨店から客先関係に贈る1万円のお歳暮として、何を贈るべきか？

結論：1万円のフリーチョイスギフトを贈る

具体的な商品	商品券	フリーチョイスギフト
具体的な商品を選定して贈るお歳暮は、個々の客先の好みを把握できないので、工夫のしどころがない。また、贈り手として商品選択に手間がかかる	商品券は、選定の手間はかからない。しかし、現金を渡すようなものであり、また相手がわざわざ店舗に出向かねば使えないという点で、贈り手の工夫が感じられない	1万円相当の商品を記載したカタログの中から、相手に商品を選定してもらうフリーチョイスギフトは、好みのものを、時期も指定して入手できる点で、贈り手の工夫が感じられる。また、贈り手として商品選択に手間がかからない

　並列型の例を図2-10に示してみた。ある企業の総務部で客先にプリマ百貨店を通して1万円のお歳暮ギフトを贈ることになり、何を贈るべきか、を検討した担当者が、自分の考えを説明するために論理構成したものだ。

　結論は「フリーチョイスギフトを贈る」だ。この結論に対して、Why So? と尋ねられたときの直接の回答が、結論の下の3つの根拠だ。プリマ百貨店から贈ることができるお歳暮をMECEに分けると、具体的な商品を贈る、商品券を贈る、フリーチョイスギフトを贈るという3つに大きく分けることができる。その各選択肢を比較した説明を展開して、「フリーチョイスギフトを贈る」という結論をサポートしている。

並列型の特徴と使用上の留意点

並列型はMECEな根拠を示して結論を説明する、というきわめてシンプルな構造だ。

この説明の説得力の源泉は、結論に至る思考や検討の広がりが十分であり、それが重複なく、漏れなく、ずれなく切り分けられている点、つまり根拠がMECEな点である。図2-10の例で、仮にプリマ百貨店のギフトに第4の選択肢があったとしたら、3つの選択肢を比較した先の説明には漏れがあることになり、説得力がない。また、3つの選択肢があるといいながら、各選択肢の説明に重複があっても説得力はない。根拠がMECEであることを十分に検証しよう。

効果的な適用のケース

並列型は物事をシンプルな構造で説明したいときに用いるとよい。
① 「問い」やその「答え」に対して、十分な理解や興味を期待できない相手に、論旨をシンプルに示したい場合
② 決定事項の連絡や確認など、議論の余地のない内容を全体像を簡潔に示して伝えたい場合
③ 自分の思考や検討の広がりに重複・漏れ・ずれがないことを強調して、相手を説得したい場合

解説型の論理パターン

もう1つの論理パターンが解説型だ。解説型も、縦方向には並列型と同様に、頂点の結論とそれを支える根拠とがSo What?/Why So?の関係になる。違いは横のMECEな関係の作り方にある。

図2-11　論理パターン②——解説型

問い

結論

縦の原則
上位の要素は下位の要素をSo What?したものに、下位の要素は上位の要素にWhy So?と尋ねたときの解になっている

So What? ↑　　Why So? ↓

根拠　事実　→　判断基準　→　判断内容

← MECE →

横の原則
客観的な「事実」と、主観的な「判断」というMECEな2種類の要素を、事実、判断基準、判断内容という流れで構成する

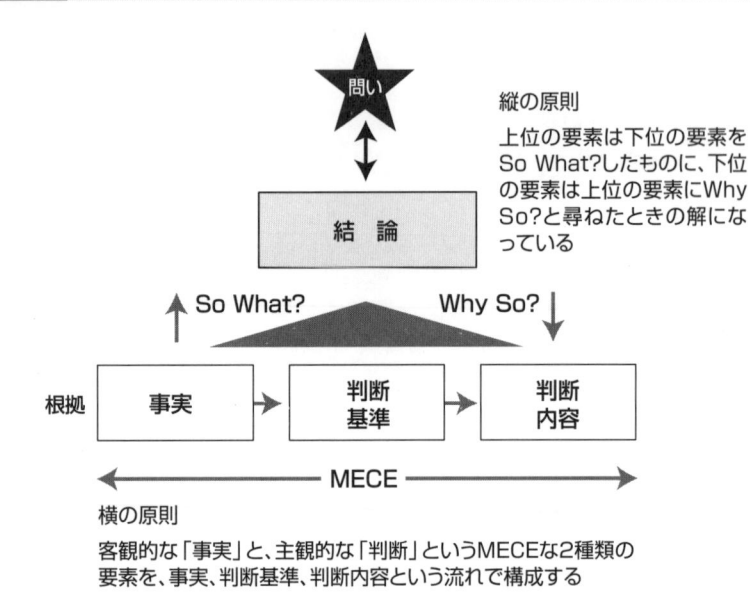

　図2-11に示したように、解説型では、根拠は3種類の要素から成り、これらが

- 「問い」に対する結論を導き出すために相手と共有しておくべき「事実」
- 「事実」から、結論を導き出すときに用いた、伝え手の「判断基準」
- 「事実」を「判断基準」で判断した結果、どのような判断に至ったのかという「判断内容」

という順番で並んでいる。

　「事実」「判断基準」「判断内容」の3つすべてが結論を支える根拠だが、「事実」と、「判断基準」および「判断内容」とでは性格が異なる点に注目したい。「事実」は客観的な根拠であり、「判断基準」と「判断内容」は伝え手の主観的な根拠である。根拠を客観的なものと主観的なものとに

図2-12 解説型の例

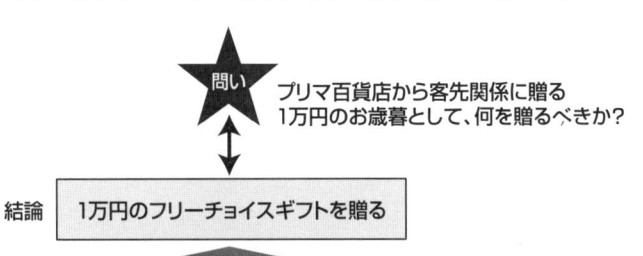

問い: プリマ百貨店から客先関係に贈る1万円のお歳暮として、何を贈るべきか？

結論: 1万円のフリーチョイスギフトを贈る

事　実	判断基準	判断内容
プリマ百貨店で選定できるお歳暮は、3タイプに大別できる ・タイプA：贈り手が具体的な商品を贈る、というもの ・タイプB：1万円分の商品券 ・タイプC：1万円相当の商品を記載したカタログの中から相手に商品を選定してもらうフリーチョイスギフト	今回のお歳暮の選定条件は、2つある ①相手にとって、好みや利便性への配慮の点で、贈り手の工夫を感じられるものであること ②贈り手にとって、手間が最小化できるものであること	タイプA：個々の相手の好みを把握できないので、贈り手として工夫のしどころがない。また、商品選定に手間がかかる タイプB：選定の手間はかからない。しかし、現金を渡すようなものであり、また相手が店舗に出向かねば使えないという点で、贈り手の工夫が感じられない タイプC：相手が好みのものを、ある程度時期も選んで入手できる点で、贈り手の工夫が感じられる。また、贈り手として商品選定の手間もかからない よって、タイプCが望ましい

MECEに切り分けている。

　図2-12は、先の並列型の図2-10と同じ「問い」、1万円のお歳暮ギフトとして「プリマ百貨店から何を贈るべきか？」の「答え」を解説型で組み立てたものだ。結論は、並列型と同じく、「フリーチョイスギフトを贈る」だが、根拠の説明が並列型とは大きく異なる。

まず、事実として、プリマ百貨店から贈ることができる、具体的な商品、商品券、フリーチョイスギフトという3種の選択肢を説明する。ここには伝え手の判断は入れず、採りうる選択肢を客観的に説明する。次に、伝え手が3つの選択肢から「フリーチョイスギフト」を選んだ際に使った判断基準を説明する。この場合は、「相手にとって」と「贈り手にとって」という2つの観点から判断基準を挙げている。そして最後に判断内容として、2つの判断基準によって、3つの選択肢を評価し、全体としてどれが最適な選択肢かを説明し、結論を支えている。

解説型の特徴と使用上の留意点

　解説型の最大の特徴は、客観的な根拠である事実と、主観的な根拠である判断基準と判断内容という切れ目を、組み立てのうえで示せることだ。プリマ百貨店から贈るお歳暮のケースで、解説型を並列型と比べてみよう。

　図2-10の並列型では、具体的な商品、商品券、フリーチョイスギフトという3つに切り分けた枠それぞれの中で、各選択肢がどのようなものかという事実と、その選択肢を伝え手がどう評価するのかという判断をセットで説明している。

　一方、図2-12の解説型では、まず、お歳暮としてどのような選択肢があるのかを「事実」として括り出す。次に、それを評価するための判断基準、さらに判断内容の順で「判断」を説明する。たとえ同じ「事実」から説明を始めても、「判断基準」が異なれば、「判断内容」が異なり、したがって結論も異なる。結論を伝え手自身が導き出す際には、何を「判断基準」とするかがきわめて重要だが、解説型ではその判断基準を強調できる。

　解説型を使用する際には次の3点に留意する必要がある。
- 事実の説明の中身が正しく、その中がMECEに整理されていること。説明の起点となる事実に納得感を持ってもらうことが重要だ。図2-12ならば、プリマ百貨店から贈ることができるお歳暮は、3種に分ければ、まずは大きな重複・漏れ・ずれがないということだ。

- 判断基準が、結論を導き出すうえで適切な内容であり、明示されていること。判断基準があたかも暗黙の了解事項であるかのように明示されず、読み手と共有されていないケースをしばしば見る。きちんと読み手に説明したい。また、判断基準が複数あれば、各基準をMECEに整理する。図2-12では、「相手にとって」「贈り手にとって」と2つに分けている。
- 判断内容が、事実、判断基準の説明と一貫していること。図2-12では、3つの選択肢を事実として挙げ、2つの判断基準を説明した。そこで、判断内容は3つの選択肢を2つの基準で評価している。

効果的な適用のケース

伝え手の考え方自体を強調したいときに用いるとよい。
①客観的な事実で共通認識を作ったうえで、自分の思考の流れを示して、相手に結論の妥当性を強調したい場合
②自分の考えに対して、相手から意見や助言をもらいたい場合
③複数の代替案の中から自分が選び取った案の妥当性を説明したい場合

＊　＊　＊

　複数の情報を単に羅列するのではなく、重なりなく、漏れなく、また具体性のレベルがずれないようにグループ化すること——これがMECEだ。また、MECEにグループ化した個々の情報を束ねて、そのエッセンスを正しく絞り出すこと——これがSo What?/Why So?だ。そして、「問い」への「答え」を、MECEとSo What?/Why So?の考え方によって、結論と根拠を明快にして組み立て、説明するための型が論理パターンだ。論理パターンには並列型と解説型がある。
　エッセイや小論文を書くとき、起承転結という構成法が非常に便利であるように、ビジネス文書の作成でも、論理的な説明の型を持てば、組み立

ての効率と効果を上げることができる。まずは MECE、So What?/Why So?、論理パターンを理解しよう。そして、できれば、こうしたロジカル・シンキングの考え方を、個人だけでなく、チームや部門で共有できるとよい。協働するメンバーがものを書くとき、話すときに、MECE、So What?/Why So? を意識するようになれば、組織としてのコミュニケーション、ひいては業務の効率アップにつながるだろう。

ロジカル・シンキングのアプローチを頭に入れたところで、次の第3章では、論理パターンを実際に組み立ててみよう。

COLUMN

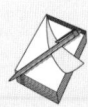

So What?/Why So? の訓練法──「以下のとおり・次のとおり」のご法度ルール

伝えるべきことは要するに何なのか？を考える──。この、So What?/Why So? は、至極当たり前のことなのだが、いざやってみると難しい。ここ一番という特別なときにだけ So What?/Why So? の考え方を取り出しても、なかなかうまくは使えない。普段から「要するに何なのか？」と考える癖をつけることが大切だ。

すぐにとりかかることができる So What?/Why So? の訓練法として、〈「以下のとおり・次のとおり」のご法度ルール〉を自分に課してはどうだろうか。

例えば、営業施策を説明するプレゼンテーション資料の中に、アクションプランの細かなスケジュール表があるとする。その表の説明として、「スケジュールは以下のとおり」などと書いていないか。また、報告メモなどに「当支店の販売力強化上の課題は次のとおり」などと書き、その下に課題の中身を7つも8つも箇条書きで列挙していないだろうか。これでは肝心のエッセンスを「以下の」「次の」でかわしており、「結局どういうスケジュールなのか？」「要するに何が課題か？」がはっきりしない。「以下の」「次の」という表現をご法度にして、そのエッセンスを明文化するわけだ。

例えば、「4カ月を3フェーズに分け、1カ月目は新しい営業手法の設計、

2カ月目はパイロット支店での新手法の試行と練り上げ、3・4カ月目で新手法の全国展開を図る」「当支店の販売力強化上の課題は、高度な販売スキルを持つ人材がいるにもかかわらず、その能力が属人化し、組織として共有されない点である」というような具合である。

　普段から〈「以下のとおり・次のとおり」のご法度ルール〉に則ってものを書くことは、身近にできる効果的なトレーニングだ。エッセンスを明文化するという地道な積み重ねで、正確に速くSo What?/Why So?するスキルが確実についてくる。ぜひ、試していただきたい。

第3章
本論の組み立て（2）
ロジカル・シンキングの実践

　第2章では、「問い」への「答え」をわかりやすく論理的に組み立てるための道具として、MECE、So What?/Why So?、そして、この2つからなる論理パターンを紹介した。これらも道具という点において、自動車やパソコンなどと変わらない。道具に習熟するためには、自己流にやみくもに使うのでは遠回りであり、使い方の基本的な手順を覚えることが近道だ。
　本章では、ロジカル・シンキングの道具を使って、文書の本論を実際に組み立てる手順をみていこう。
　論理パターンはどこから、どう組み立てていくのか？　そのときに、MECE や So What?/Why So? の考え方をどう使うのか？　また、いったん組み立てた論理パターンをチェックするときのポイントは何なのか？　ある報告書作成のケースに沿って、紙上で一緒にロジカル・シンキングを進めていこう。

1. 論理パターンの組み立て方を理解する

　ビジネスパーソンの方々から、「論理パターンは、結論から下に向かって組み立てていくべきなのか、あるいは逆に、下のほうから結論へと組み立てていくべきなのか？」という質問をよくいただく。組み立て方には両方ある。これが答えだ。
　ケースに入る前に、図3-1で論理パターンの組み立ての手順を共有しよ

図3-1　論理パターンの組み立て方

「結論から根拠へ」の組み立て

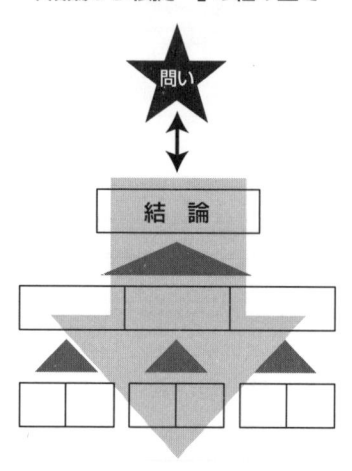

問い
結論

結論がはっきりしており、根拠もおおよそ明らかになっている場合

「根拠から結論へ」の組み立て

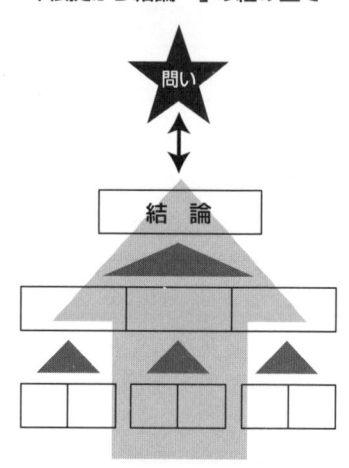

問い
結論

元情報から根拠を明らかにしたうえで、結論を確定したい場合

う。なお、この図の論理パターンは並列型だが、解説型であっても同様の手順を踏む。

「結論から根拠へ」の組み立て

　伝え手にとって、扱い慣れた「問い」の「答え」を説明する場合、すでに結論がはっきりしており、根拠の要素もあらかた把握できていることが多い。例えば、顧客から頻繁に説明を求められる自社製品に関する質問や、社内の人からよく尋ねられる業務面での質問などに、「結論はこれ」と決まったものを提示する場合だ。

　このようなときには、図3-1の左側のように、結論から根拠へと、論理パターンの上から下に向かって順に組み立てることができる。すでに決ま

っている結論に対して、根拠としては、例えば、A、B、Cの3つの要素を提示したいが、これで本当にMECEに整理されているだろうかと確認をする。さらに、要素Aの根拠としては、例えば、a-1とa-2の2つを提示しよう。そして、これは本当にMECEだろうかと確認をする。このように結論を起点に組み立てることが可能だ。

「根拠から結論へ」の組み立て

一方、情報を集めて検討はしたものの、検討結果をいま一度精査してみなければ、結論は何か、また根拠は何か、把握できないこともある。ゆえに「答え」の組み立てに悩むわけだ。

この場合には、集めた情報や検討結果にSo What?（要するにどういうことなのか？）と自問自答して、論理パターンの下位の要素から、上位の要素へと説明の中身を明らかにして、結論を確定していく。図3-1の右側だ。

何をどうまとめたらよいか悩むときには、「根拠から結論へ」と組み立てることになるので、その手順をさらに詳しく次ページの図3-2で押さえておこう。

Step 1：「問い」を確認し、論理パターンを選ぶ

いくつの、どういう「問い」に答えればよいのかを確認する。そのうえで、その問いへの「答え」を、並列型、解説型のどちらを使って組み立てるか、論理パターンを選択する。

Step 2：上から下にMECEに枠組みを作る

答えるべき「問い」と元情報全体をにらんで、論理の枠組みを「上から下に」向かって作る。「問い」への「答え」全体の枠組みを考えるわけだ。

まず、結論の下の2段目を、論理パターンの法則に則って分ける。並列型ならMECEに、解説型なら「事実」「判断基準」「判断内容」になるよう

図3-2 「根拠から結論へ」の組み立ての手順

Step 1 「問い」を確認し、論理パターンを選ぶ

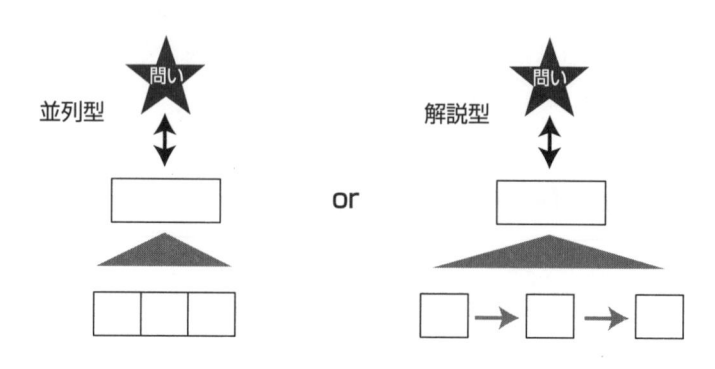

にする。解説型は、事実と、判断基準および判断内容を合わせた判断の塊でMECEと考える。

2段目の要素に対してさらに読み手が「Why So?」と疑問を持つと思うならば、3段目の根拠も同様にMECEに括っていく。

Step 3：下から上にSo What?/Why So? する

Step 2で作った枠組みの下から上に向かって、「So What?」と自問自答しながら、枠の中で具体的にどういう説明をするのか、その中身を決めていく。論理パターンの下方の要素ほど元情報に近いので、図3-2であれば、3段目、2段目、結論の順にSo What? すると説明内容を確定しやすい。

なお、本書では説明のエッセンスを絞り出すことを「So What? する」、また、エッセンスが正しく絞り出されているかどうかを確認することを「Why So? する」と表現する。

Step 2
上から下にMECEに枠組みを作る

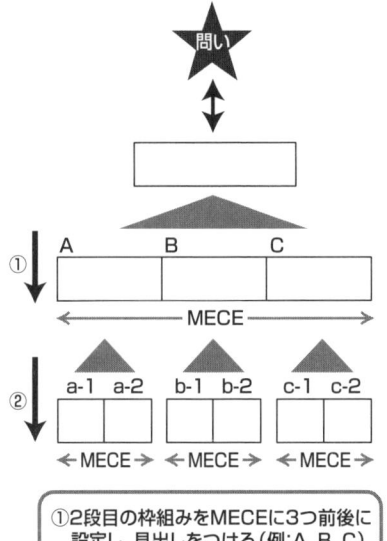

① 2段目の枠組みをMECEに3つ前後に設定し、見出しをつける（例：A、B、C）

② A、B、Cそれぞれを、さらにMECEに3つ前後に分けて3段目の枠組みを設定し、見出しをつける（例：a-1、a-2、b-1、b-2、c-1、c-2）

＊解説型の場合も同様に進める。

Step 3
下から上にSo What?/Why So?する

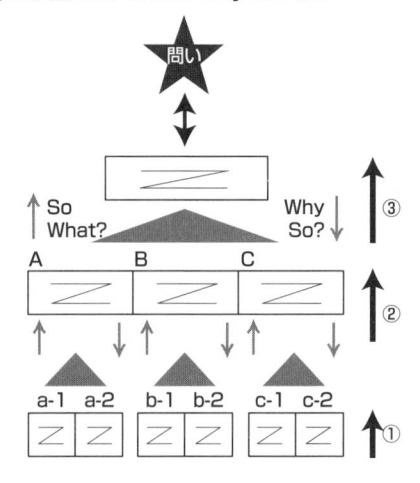

① 元情報から3段目の枠内の説明をSo What?し、Why So?の検証をかける

② 2段目の枠内の説明を、3段目の説明からSo What?し、Why So?の検証をかける

③ 結論を、2段目の説明からSo What?し、Why So?の検証をかける

　Step 2で、まずは説明の枠組みをMECEに設定しておくことが重要だ。これをせずに単に下から説明内容を積み上げていくと、答え全体が「問い」とずれたり、根拠に重なりや漏れが生じがちだ。これでは説得力のある論理にならないので気をつけよう。

2. 論理パターンを組み立てる──ベータ社のケース

　それでは、図3-2で示し、説明してきた「根拠から結論へ」と論理パターンを組み立てるアプローチを実際のケースで実践してみよう。

　以下には、組み立ての手順に沿って、読者への設問、手順ごとの組み立て例とその解説、およびポイントをまとめてある。組み立て例には、望ましい例はもちろん、私がエディティングや論理構成のトレーニングを通してよく見る、避けたいありがちな例も挙げている。

　あなたもぜひ1枚の紙とペンを用意し、紙上トレーニングをしながら、読み進んでいただきたい。

【ベータ社のケース──設定】
　あなたの在籍するＸ社では、現在、新規事業として人材派遣業への参入を検討しており、あなたはその検討プロジェクトのメンバーであり、事務局を務めている。プロジェクトでは、検討の一環として、優れた競合企業の事例研究を進めている。その中で、ベータ社という技術者派遣業企業が、能力の高い技術者を派遣して顧客企業から優れた評価を受け、近年、躍進著しいことが判明した。

　あなたは、プロジェクト・リーダーから「ベータ社では派遣技術者の能力向上のためにどのような取り組みをしているのかを調べ、チームに報告してくれ。次回のプロジェクト・ミーティングではその報告内容に照らして、当社として学ぶべき点を議論する」と指示を受けた。

　そこであなたは派遣技術者業界に詳しい専門家にヒアリングし、話を聞くことができた（図3-3）。

図3-3 ベータ社に関するヒアリングの内容

　技術者派遣業のベータ社は、4期連続増収増益を果たし、ハイテク企業から大いに注目される存在になっています。
　従来の派遣業界では、派遣人材の育成は手薄になりがちでした。しかし、ご存じのように、各メーカーでは開発スピードアップのために、専門性の高い業務への人材派遣ニーズが高まり、技術者派遣業界では人材の能力向上をどう進めるか、という問題意識が高まっています。ベータ社の高業績の背景には、特筆すべき、人材の能力向上策がある、といえるでしょう。
　まず、評価・報奨の仕組みが大きな特徴です。ベータ社では、給与は固定部分と歩合部分が半々です。歩合部分は、各技術者が、会社にいくらの利益貢献をしたか、その利益額に応じて額が決まります。これは年2回の見直しがあります。固定部分は、能力評価の結果によって変わります。知識・技能、行動様式の観点で10段階の能力ランクが設定されています。能力評価は当然毎年行われ、ランクが上がれば能力給も上がります。専門分野の資格を取得するとランクアップのための得点になります。成果や能力が目に見える給与という形で自分に返ってくる、ということが貫かれていて、個々のやる気を引き出しています。トップクラスにもなると大手メーカーのエンジニア並みの年収にもなるようです。
　また、派遣業では人材間の交流などがあまりないのが常でしたが、ベータ社にはメンター制度があります。ご存じのように、メンター制度は、仕事やキャリアに関するさまざまな悩みについて、直接仕事上の関係のない、例えば部署の異なる先輩が後輩に自分の経験に基づいて相談にのったり、助言したりする仕組みです。ベータ社では入社後一定期間内に、自分もこうなりたいと思う理想の先輩技術者を選んでメンターになってもらいます。相談と助言のやり取りの過程で、若手の側は「早く先輩のようになりたい」と刺激を受ける。また、助言するベテランの側も、若手の手本になるようスキルやリーダーシップを一層強化したいと考える。つまり、相互啓発によって個々の技術者の中に、技術者として成長したい、という意欲を引き出しているのですね。メンター制度もスキルアップへの動機づけに大きな役割を果たしています。
　もちろん、動機づけだけではなく、実際のスキルを高めるためにも、ベータ社は最新鋭の機器を備えた大型トレーニングセンターを持っていますし、その他にもさまざまな試みを行っています。例えば、ベータ社には、今、約1500人の技術者がいますが、全員のスキルランクや得意分野をデータベースで管理しています。顧客

企業から派遣依頼があると、まず、顧客がリクエストしてきたスペックに基づき、データベースから要になる高いスキルの技術者を選び出します。そしてその人を中心にして、スキルレベルの異なる人を組み合わせてチームを編成し、チームとして顧客企業に技術者を派遣するわけです。技術者たちはチームとして一定の成果を出すことを求められます。チーム派遣体制をとることで、毎日の業務の中で、高スキルの人材から各自が技能を習得でき、スキル移転が進んでいくわけで、組織として効率的なOJT (On-the-Job Training) の仕組みになっています。

　先ほどトレーニングセンターのことに触れましたが、ハコというか、ハードだけなら作ろうと思えば作れますが、ハコだけあっても宝の持ち腐れです。ベータ社はソフトが素晴らしいのです。トレーニングセンターには、高度なスキルやノウハウを持ち、経験豊富な技術者たちがトレーナーとして常駐しています。まぁ、普通はそういうベテランが多くいても、そのスキルやノウハウは個人の中だけに蓄積されて属人化してしまい、組織としては共有されないですね。ところがベータ社では、トレーナーが自分たちの高いスキルやノウハウを体系化して織り込んだ研修プログラムを開発し、提供しています。技術者は必要に応じて自由に選択、受講できるようになっており、実践的な内容だと評価が高いそうです。技術者にとって恵まれた環境になっていますよね。

　同社の人事部長は常々「将来はプロとして独立する、というくらいのアスピレーションの高い人材を採用している」と語っています。現に、採用時にも「頑張ってプロレベルのスキルに達したら、社が仕事、資金の両面で独立を支援する」とまで言うのだそうです。ユニークですよね。もともと独立志向の、やる気のある人間を求めたうえに、さらにまたやる気を引き出そうというのです。

　実際、プロとして独立可能なスキルレベルと認めれば、独立の資金援助もしますし、OB人材をネットワーク化して業務を委託しています。また、独立したものの、やっぱりベータ社に戻りたいという場合、復職の道もあります。人事部長いわく、「復職を希望する人は、視野も広がり、仕事の厳しさも身をもって学んでおり、会社にとって貴重な財産」ということです。懐が深いですね。独立後も視野に入れて、技術者と長期にわたって向き合って支援する――。こうした体制が技術者にもたらす心理的効果は大きく、プロになれるだけの高いレベルの技能を目指して研鑽を積もう、という強い動機づけを与えています。

（出所）「サファリに生きる逞しき技術者たち」『日経ビジネス』2001年8月20日号、「ビジネス・ケース　日本エイム」『一橋ビジネスレビュー』2004年冬号をもとに筆者作成。

現実には単独の情報源で報告書を作るということはないだろう。しかし、ここでは論理パターンの組み立ての練習に主眼を置いて、情報源はこのヒアリング結果のみにする。また、ヒアリングの内容は正しく、報告内容を検討するうえで大きく漏れている情報もないものとする。

では、論理パターンの組み立てに取りかかろう。

Step 1：「問い」を確認し、論理パターンを選ぶ

本論を論理的に組み立てるための第一歩は、書くべきテーマを「問い」に置き換え、並列型か解説型か、適切な論理パターンを選ぶことだ。第1章で取り上げた「組み立ての準備」をしていれば、「問い」はすでに明快になっているはずだ。もし、手抜きをしていたら、ここでしっかり「問い」を確認する。

ベータ社のケースで答えるべき「問い」は、リーダーの指示を踏まえて確認したところ、

「ベータ社では、派遣技術者の能力向上のためにどのような取り組みをしているのか？」

という、一点である。

考えよう！

では、ここであなたに質問だ。このケースで組み立てに使う論理パターンは並列型、解説型のどちらだろうか。

> 解説

「まだ情報が頭に入っていないので、並列型を使うべきか、解説型を使うべきかわからない」などと考え込まず、「並列型！」と即答できただろうか。なぜなら、「ベータ社では派遣技術者の能力向上にどのように取り組んでいるのか？」という「問い」は状況説明を求めているからだ。状況を説明するのだから、「事実」「判断基準」「判断内容」と書き手の判断を伝える解説型は不適切だ。しっかり「問い」を確認しよう。

ちなみに、このケースから離れて、仮に「必要なアクションは何か」が「問い」ならば、並列型、解説型のどちらでも論理構成できる。その場合には、第2章で述べたように、何を強調したいのかで使い分ける。

Step 2：上から下にMECEに枠組みを作る

論理パターンの枠組みを上から下へと作っていく。

①2段目の枠組みを作る

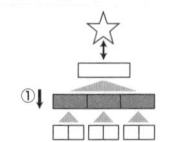

結論のすぐ下の2段目の説明を、どのように、いくつに、MECEにグループ分けすればよいかを考える。

まずは、難しく考えずにヒアリング結果を読んで、Step 1で確認した「問い」に答えるために重要な事柄を書き出してみよう。「問い」を意識して読んでいくと、「問い」への答えの核、「結論の素」のようなものもぼんやりと浮かんでくるだろう。

さて、ここからが組み立ての本番だ。

> 考えよう！

今、頭の中に浮かんでいる「結論の素」を念頭に置き、MECEという道具を取り出そう。そして、書き出した事柄をできる限りMECEにグループ分けし、各グループに見出しをつけてみよう。

図3-4　Step 2:上から下にMECEに枠組みを作る ──①2段目の枠組み

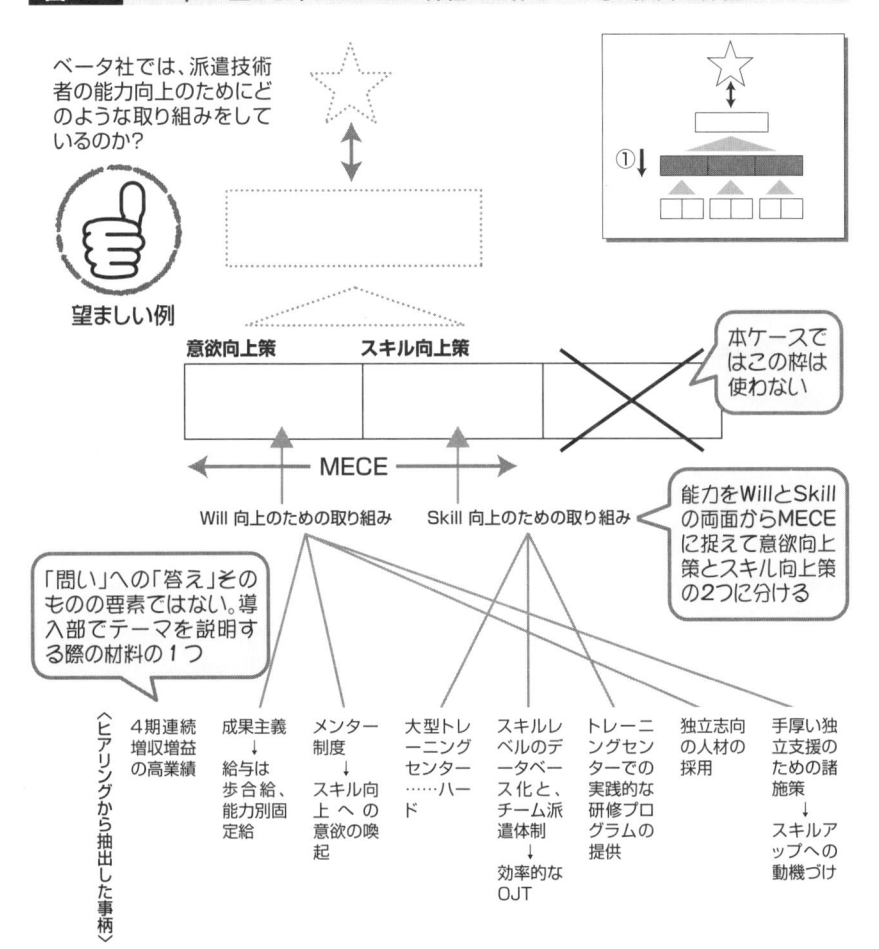

ベータ社では、派遣技術者の能力向上のためにどのような取り組みをしているのか？

望ましい例

| 意欲向上策 | スキル向上策 | ~~（使わない枠）~~ |

本ケースではこの枠は使わない

←──── MECE ────→

Will 向上のための取り組み　　Skill 向上のための取り組み

能力をWillとSkillの両面からMECEに捉えて意欲向上策とスキル向上策の2つに分ける

「問い」への「答え」そのものの要素ではない。導入部でテーマを説明する際の材料の1つ

〈ヒアリングから抽出した事柄〉

- 4期連続増収増益の高業績
- 成果主義 → 給与は歩合給、能力別固定給
- メンター制度 → スキル向上への意欲の喚起
- 大型トレーニングセンター……ハード
- スキルレベルのデータベース化と、チーム派遣体制 → 効率的なOJT
- トレーニングセンターでの実践的な研修プログラムの提供
- 独立志向の人材の採用
- 手厚い独立支援のための諸施策 → スキルアップへの動機づけ

解説

　ヒアリングの内容を読むと、「ベータ社では、技術者の能力向上のために、大型トレーニングセンターなども整備しているが、技術者の意欲を高めることに相当力を注いでいる」ようである。この「　」内の内容は、まだま

だ荒削りだが、「結論の素」だ。

　さて、MECEには、第2章の23ページで紹介したように、要素分解、ステップ分け、対照概念の3タイプがある。その対照概念の1つに、能力をWill・Skillの両面から捉えるという考え方があった。上記の「結論の素」と書き出した事柄をじっくり眺めると、このWill・Skillを使って、ヒアリングの内容を括ることができそうだ。ベータ社の取り組みを「Will向上のための取り組み」と「Skill向上のための取り組み」の2つに分ける（図3-4）。

▶ポイント

　MECEに分けたら、必ず「見出し」をつけよう。ロジカル・ライティングのアプローチでは、見出しが組み立てを読み手に訴求する重要な役割を担うからだ。見出しについては第5章で詳述するのでご覧いただきたい。ポイントは、MECEな切り口を明示するような見出しにすることだ。ここではWill・Skillが切り口なので、この対比を示せるように、図3-4では「意欲向上策」「スキル向上策」としている。

②3段目の枠組みを作る

　意欲向上策、スキル向上策ともに、ベータ社では複数の施策を行っている。説明のポイントをはっきりさせるには、意欲向上策、スキル向上策のそれぞれの中身を、さらにMECEにグループ化して組み立てるとよいだろう。

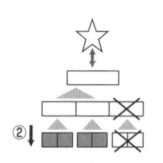

▶考えよう！

　2段目と同じ要領で、意欲向上策、スキル向上策の中身をMECEに分けて、3段目の枠組みを作るとどうなるだろうか。

図3-5　Step 2:上から下にMECEに枠組みを作る──②3段目の枠組み

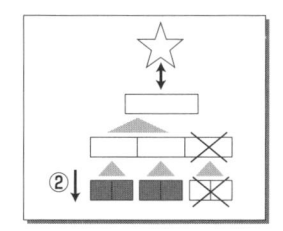

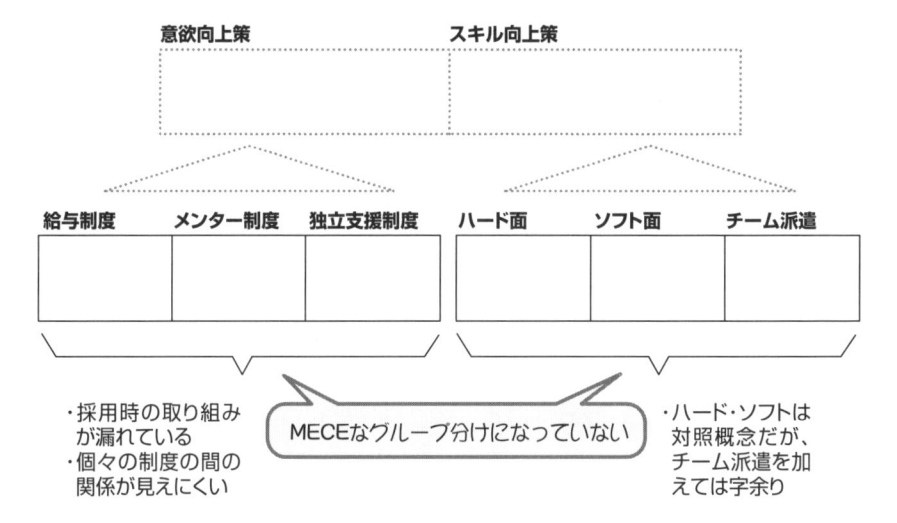

避けたいありがちな例

```
        意欲向上策                    スキル向上策
   ┌──────┬──────┬──────┐     ┌──────┬──────┬──────┐
   給与制度 メンター制度 独立支援制度  ハード面  ソフト面  チーム派遣
```

・採用時の取り組みが漏れている
・個々の制度の間の関係が見えにくい

＜MECEなグループ分けになっていない＞

・ハード・ソフトは対照概念だが、チーム派遣を加えては字余り

解説

◎避けたいありがちな例

　望ましい例を解説する前に、避けたいありがちな例を図3-5で見ておこう。読者の組み立てもこの落とし穴に陥っていないだろうか。

　まず、「意欲向上策」だが、ベータ社が取り組んでいる諸々の制度に着目し、「給与制度」「メンター制度」「独立支援制度」と3つの説明を並べている。確かに制度ごとに切り分けられてはいるが、これらは3つでは、元の情報に照らしてMECEだろうか。

　ヒアリングで入手した、独立志向の人材を採用している、という重要な

第3章　本論の組み立て（2）──ロジカル・シンキングの実践

話が漏れているようだ。

　また、個々の取り組みが、相互にどのような関係なのかも読み取ることができない。ヒアリングの相手が話してくれた順番にただ列挙した状態だ。このままでは、読み手には何か3つの制度の話が書いてあった、という程度の印象しか残らないだろう。

　一方、「スキル向上策」はどうか。「ハード面」とは、トレーニングセンターの整備、「ソフト面」とは、そこで提供する研修プログラムのことだろう。これにチーム派遣の話を加え、説明全体を3つに分けている。

　確かに、ハード・ソフトはどこから見てもMECEな概念であり、使いたくなる気持ちはわかる。読者の中でも使った方は多いのではないだろうか。だが、ここに「チーム派遣」を加えてしまっては、MECEなグループ分けにはならない。チーム派遣の話は、ソフト面の一部であり、重なりがあるように見える。

　それでは、チーム派遣の話を「ソフト面」に組み込み、「ハード面」「ソフト面」の2つに分ければ、今度は完全無欠のMECEで、適切なグループ分けになるだろうか。残念ながら、そうは問屋が卸さないようだ。まず、チーム派遣と研修プログラムの話は、「ソフト面」として1つに括るには、内容が異質で量も多く、この中をさらに分けたくなってしまう。それに対して、「ハード面」は、トレーニングセンターを整備していることくらいしか、説明の中身はなさそうだ。この点は、ハード面の話として取り出して説明するほど果たして重要だろうか。ハード・ソフトは、確かにMECEな概念だが、このヒアリング内容を説明するのには適切ではなさそうだ。

◎望ましい例

　ヒアリング内容を再度振り返ってみよう。

　意欲向上策については、ヒアリングの中身を追っていくと、重要なものは4つある。成果が還元される給与の仕組み、メンター制による自立的な育成の促進、独立志向の人の採用、独立支援の仕組みだ。これらをMECE

図3-6　Step2:上から下にMECEに枠組みを作る──②3段目の枠組み

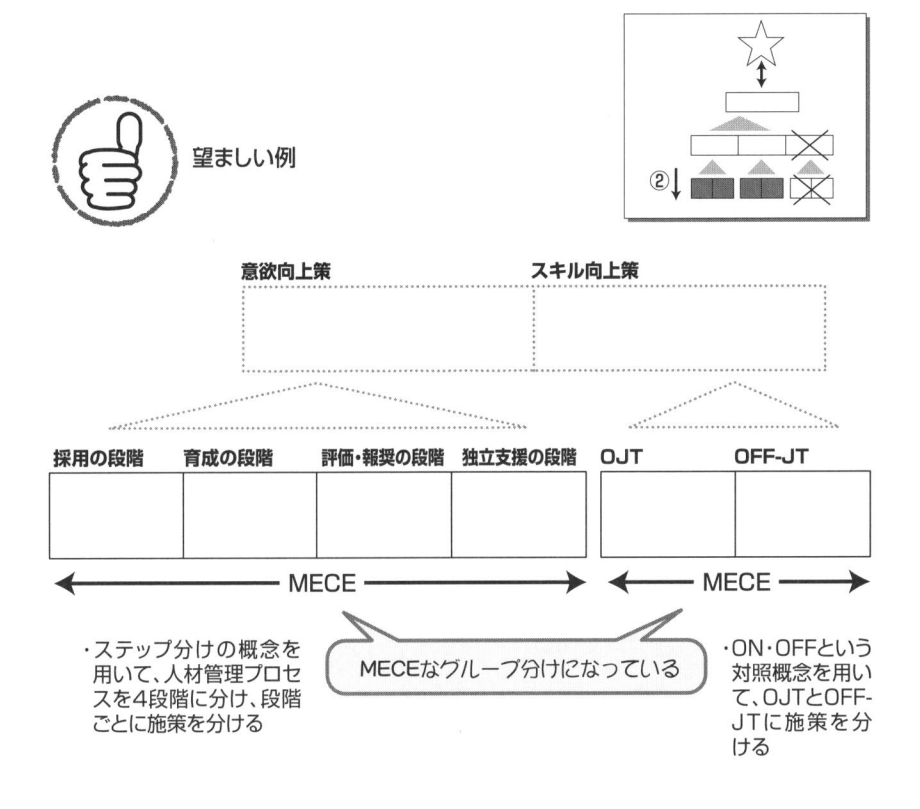

望ましい例

```
                意欲向上策              スキル向上策
        ┌──────┬──────┬──────┬──────┐  ┌──────┬──────┐
     採用の段階 育成の段階 評価・報奨の段階 独立支援の段階   OJT      OFF-JT
```

←──────────── MECE ────────────→　←──── MECE ────→

> MECEなグループ分けになっている

・ステップ分けの概念を用いて、人材管理プロセスを4段階に分け、段階ごとに施策を分ける

・ON・OFFという対照概念を用いて、OJTとOFF-JTに施策を分ける

を意識して眺めると、ステップ分けの考え方を応用し、採用から独立支援までの人材管理の段階に括ることができそうだ。段階ごとに周到に意欲向上のための施策を埋め込んでいる点がベータ社の特徴と考えてよいだろう。

　そこで、図3-6の望ましい例のように、意欲向上策の中は、採用、育成、評価・報奨、独立支援の4段階に分ける。各施策を羅列した、ありがちな例に比べて、読み手は施策の関係をつかみやすい。

　かたや、スキル向上策では、重要な取り組みが2つある。第1に、チーム派遣によって高スキル技術者のスキルを低スキル技術者に学ばせている

こと。第2に、トレーニングセンターでベテランのノウハウを体系化した研修を開発・提供していること。前者は業務内の訓練、OJT（On-the-Job Training）であり、後者は業務外のOFF-JT（Off-the-Job Training）だ。スキル向上策は、業務の内と外という対照概念を活用して2つに組み立てると、論点がはっきりする。

このように、「意欲向上策」の下は「採用の段階」「育成の段階」「評価・報奨の段階」「独立支援の段階」に、また、「スキル向上策」の下は「OJT」「OFF-JT」にグループ分けできる。3段目にもMECEな切り口を示す小見出しをつけよう。

こうして論理パターンの枠組みを作る。

ポイント

あくまでも読み手にわかりやすい組み立てが大事であり、長大な論理パターンを作ることには意味がない。縦横ともにシンプルな組み立てを心がけよう。

論理パターンの縦の階層の数は、読み手の「Why So?」という疑問に過不足なく答えられ、かつ、読み手が論旨を追いやすい数にする。読み手にわかりやすいという点から、図3-6のように3段目までを目安にしたい。

「答え」をすでに相手と共有しており、今回は確認すればよい、という場合なら、2段目までの説明で十分なこともある。また逆に、読み手のWhy So?に答えるために必要ならば、4段目以上の階層を作る。ただし、4段目まであると、結論と最も下の根拠の間の距離が長くなり、説明全体が複雑になることを自覚しよう。

論理パターンの階層の数については、本章の3節では組み立てのセルフチェックの観点から、第5章の138ページでは組み立てを視覚化するという観点から解説しているのでご覧いただきたい。

一方、横方向にMECEに分ける数は、相手の頭の中に論点が記憶されやすい数にする。3つ前後のグループに分けることを目安にしたい。

Step 3：下から上に So What?/Why So? する

論理パターンの枠組みができたら、Step 3では、So What?/Why So? と自問自答しながら、個々の枠内の説明内容を決めていく。このとき、元情報に近い3段目から2段目、2段目から結論へと、下から上に行うと効率的だ。以下では、先に述べたように、説明のエッセンスを絞り出すことを「So What? する」、また、エッセンスが正しく絞り出されているかどうかを確認することを「Why So? する」と表していく。

① 3段目の説明を So What?/Why So? する

考えよう！

3段目の枠の中の説明を So What? してみよう。その際、3段目は、最も具体的レベルの情報になることを念頭に置く。

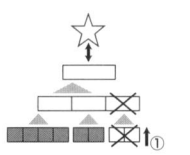

採用、育成、評価・報奨、独立支援の各段階でどのような取り組みをすることが、技術者の意欲を向上させているのか。また、どのような OJT や OFF-JT を行って技術者のスキルアップを図っているのだろうか。

図3-7 Step 3:下から上にSo What?/Why So?する──①3段目の説明

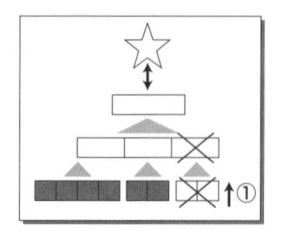

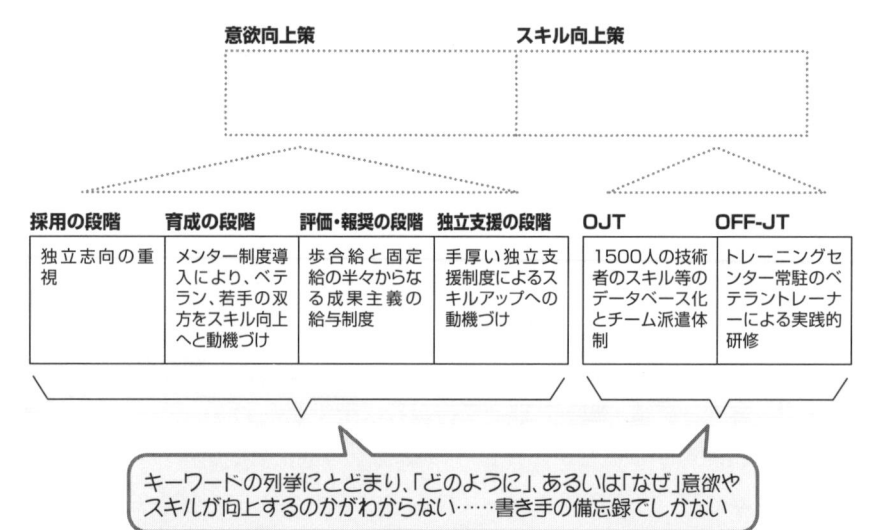

避けたいありがちな例

	意欲向上策			スキル向上策	
採用の段階	育成の段階	評価・報奨の段階	独立支援の段階	OJT	OFF-JT
独立志向の重視	メンター制度導入により、ベテラン、若手の双方をスキル向上へと動機づけ	歩合給と固定給の半々からなる成果主義の給与制度	手厚い独立支援制度によるスキルアップへの動機づけ	1500人の技術者のスキル等のデータベース化とチーム派遣体制	トレーニングセンター常駐のベテラントレーナーによる実践的研修

> キーワードの列挙にとどまり、「どのように」、あるいは「なぜ」意欲やスキルが向上するのかがわからない……書き手の備忘録でしかない

解説

◎避けたいありがちな例

　避けたいありがちな例を図3-7で見てみよう。

「意欲向上策」から見ると、各段階とも「独立志向の重視」「メンター制度導入によるスキル向上への動機づけ」「成果主義の給与制度」「手厚い独立支援制度によるスキルアップへの動機づけ」とキーワードは抽出できている。だが、独立志向の重視とは何をしているのか。メンター制度とはそもそも何で、なぜスキル向上を動機づけるのか。成果主義の給与制度や、

手厚い独立支援制度とはどんなもので、どう意欲向上に結びついているのか——。一方、「スキル向上策」についても、データベース化とチーム派遣の関係やチーム派遣がどうスキル向上に資するのか。また、なぜ実践的研修になっているのか——。

　こうした疑問が次々にわき、「これってどういう意味？」と質問したくなる。このようなキーワードの羅列は、書き手の備忘録にはなるだろうが、ヒアリングの中身をこの報告書で初めて知ることになる、第三者への説明にはならない。

◎望ましい例

　望ましいまとめ方の例を図3-8に示した。重要なことは、組み立ての段階であっても、キーワードを書き出すところでよしとせず、このくらいの具体性をもって説明の中身を考えておくことだ。読み手が、「これってどういう意味？」と疑問を持つことなく、「なるほど、この仕組みが意欲（スキル）向上につながっているのだな」と合点できるようにまとめておこう。

　そうでないと、先に触れたようにベータ社の施策に予備知識のない相手には中身が伝わらない。また、この後で3段目を束ねて2段目をSo What?するときに、その内容が抽象論や一般論になってしまう。もちろん、日本語表現は、後で推敲できるのでもっと荒削りで構わない。

ポイント

　具体的にSo What?するための基本は、「誰が・何を・どうするのか」という主語・目的語・述語を明快にすることだ。その点で、ありがちな例も含め、ビジネス文書で多用される体言止めは要注意だ。体言止めとは、「独立志向の重視」のように、名詞や名詞化したことばで終わる表現だ。短くまとめようとすると体言止めを使いたくなる。体言止め自体が悪いわけではないが、「独立志向の重視が・何を・どうしているのか」という、主語・述語・目的語が曖昧になりがちな点に注意しよう。

図3-8　Step 3：下から上にSo What?/Why So?する──①3段目の説明

望ましい例

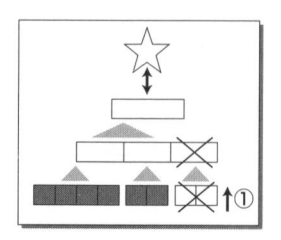

```
          意欲向上策              スキル向上策
     ┌─────┴─────┐          ┌─────┴─────┐
```

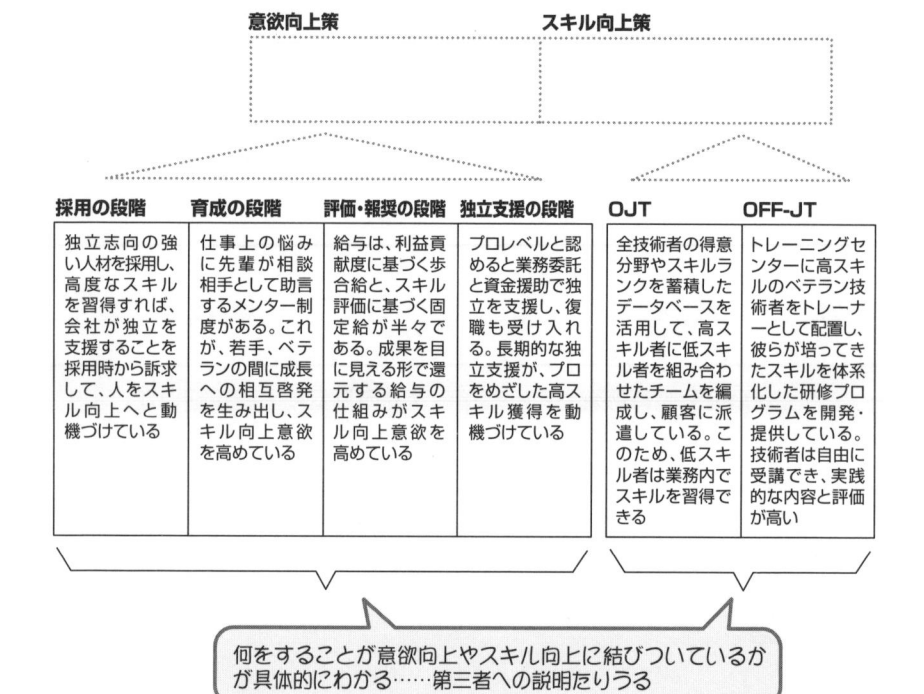

採用の段階	育成の段階	評価・報奨の段階	独立支援の段階	OJT	OFF-JT
独立志向の強い人材を採用し、高度なスキルを習得すれば、会社が独立を支援することを採用時から訴求して、人をスキル向上へと動機づけている	仕事上の悩みに先輩が相談相手として助言するメンター制度がある。これが、若手、ベテランの間に成長への相互啓発を生み出し、スキル向上意欲を高めている	給与は、利益貢献度に基づく歩合給と、スキル評価に基づく固定給が半々である。成果を目に見える形で還元する給与の仕組みがスキル向上意欲を高めている	プロレベルと認めると業務委託と資金援助で独立を支援し、復職も受け入れる。長期的な独立支援が、プロをめざした高スキル獲得を動機づけている	全技術者の得意分野やスキルランクを蓄積したデータベースを活用して、高スキル者に低スキル者を組み合わせたチームを編成し、顧客に派遣している。このため、低スキル者は業務内でスキルを習得できる	トレーニングセンターに高スキルのベテラン技術者をトレーナーとして配置し、彼らが培ってきたスキルを体系化した研修プログラムを開発・提供している。技術者は自由に受講でき、実践的な内容と評価が高い

> 何をすることが意欲向上やスキル向上に結びついているかが具体的にわかる……第三者への説明たりうる

　So What? するときには、まずは、短くまとめることよりも、具体性を重視して、アウトプットしてみよう。その上で不要な要素があれば削る、という手順をお薦めする。具体的に表現するためのポイントは第6章で詳述しているので、ぜひ参照していただきたい。

②2段目の説明を So What?/Why So? する

考えよう！

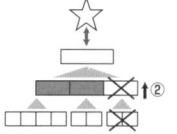

　次に、いま So What? した3段目を束ねて、2段目の説明を So What? しよう。読み手が3段目の説明内容を読む時間がなく、2段目の内容だけを読んでも、意欲向上策とスキル向上策の全体像をつかめるようにまとめよう。

COLUMN

ロジカル・シンキングは筋力トレーニングと同じ？

　「頭の中に汗をかいたぁ！」とは、ロジカル・シンキングの研修に参加して、MECE、So What?/Why So?、論理パターンと丸1日格闘した、あるビジネスパーソン氏の感想だ。言いえて妙、うまいことをおっしゃるな、と感心した。

　日頃の運動不足を反省し、一大決心をしてスポーツジム通いを始めたとき、私は「ロジカル・シンキングは筋力トレーニングのようなもの」と実感した。トレーニングコーチ曰く、「筋力アップには、『やっとできる』というくらいの負荷をかけることが大事。楽なトレーニングをどれだけやっても筋力はつきません。汗をかくくらいの負荷を目安に継続的にコツコツやることです」。

　ロジカル・シンキングも全く同じである。「なるほどこういう手法か」と頭で理解するだけでは、宝の持ち腐れで終わってしまう。件のビジネスパーソン氏のように、「これを MECE に分けるとすると……」「So What?すると……」と頭の中に汗をかきかき、考え抜くことの積み重ねでスキルがついていく。

　ロジカル・シンキングのスキルアップにも筋力アップにも、即成法はない。成果を出すためには、地道にコツコツ、汗をかくことだ。それさえできれば、誰でも真面目にトレーニングに励めばちゃんと目に見えて筋肉がついてくるように、ロジカル・シンキングも身につき始める。習得に特殊な才能は要らない。ちょっとしたメールを書くとき、ボイスメッセージを残すとき、「これ、MECE になっている？」「ここから So What?すると何になる？」と、頭の中に大いに汗をかいてみよう。

図3-9　Step 3:下から上にSo What?/Why So?する──②2段目の説明

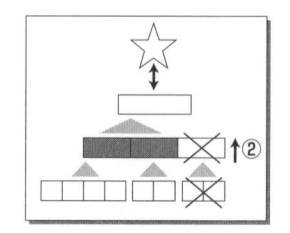

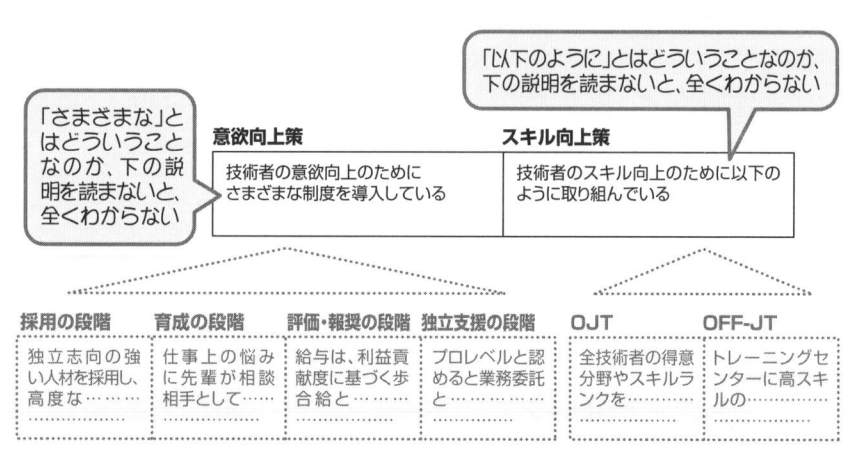

避けたいありがちな例1:
So What? 放棄タイプ

「さまざまな」とはどういうことなのか、下の説明を読まないと、全くわからない

「以下のように」とはどういうことなのか、下の説明を読まないと、全くわからない

意欲向上策
技術者の意欲向上のためにさまざまな制度を導入している

スキル向上策
技術者のスキル向上のために以下のように取り組んでいる

採用の段階	育成の段階	評価・報奨の段階	独立支援の段階	OJT	OFF-JT
独立志向の強い人材を採用し、高度な……	仕事上の悩みに先輩が相談相手として……	給与は、利益貢献度に基づく歩合給と……	プロレベルと認めると業務委託と……	全技術者の得意分野やスキルランクを……	トレーニングセンターに高スキルの……

解　説

2段目の So What? では、避けたいありがちなまとめ方に3つの典型的なタイプがある。

◎避けたいありがちな例1

1つ目は、「So What? 放棄タイプ」だ。図3-9の例を見て、「なぜ、これがいけないのか？」「この手のまとめ方は自分でもやっているし、社内に氾濫している」と思われたなら要注意だ。肝心の部分の説明を、「以下のような」「さまざまな」のひと言で済ませてしまっている。これでは3段目を読まないと、ベータ社の意欲向上策やスキル向上策の特徴がわからない。

図3-10　Step 3:下から上にSo What?/Why So?する──②2段目の説明

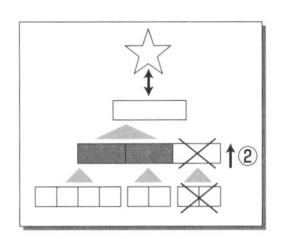

避けたいありがちな例2:
3段目の繰り返しタイプ

下の説明の繰り返しになっており、エッセンスをつかめない

意欲向上策	スキル向上策
採用時点から独立志向の人を採り、独立支援を訴求し、メンター制度を導入して技術者の成長を動機づけている。さらに、利益貢献や能力アップが反映される成果主義の給与体系、高度なスキルを習得した技術者の独立を支援する体制が整備されている	技術者の情報をデータベース化して、高スキル者と低スキル者を組み合わせて客先にチーム派遣をし、低スキル者がOJTでスキルを学んでいる。また、トレーニングセンターではベテラントレーナーがそのスキルを体系化した実践的な研修プログラムを提供している

採用の段階	育成の段階	評価・報奨の段階	独立支援の段階	OJT	OFF-JT
独立志向の強い人材を採用し、高度な……	仕事上の悩みに先輩が相談相手として……	給与は、利益貢献度に基づく歩合給と……	プロレベルと認めると業務委託と……	全技術者の得意分野やスキルランクを……	トレーニングセンターに高スキルの……

　見方を変えるとこの説明は、3段目に他社の取り組みが説明されていても成り立つ。これを束ねてSo What?する結論はますます抽象的で、「問い」の答えとして意味のないものになってしまう。「さまざまな」「以下の」、あるいは「次のように」といった表現で説明が終わってはSo What?の放棄になる。

◎避けたいありがちな例2

　2つ目のありがちなまとめ方は、図3-10の「3段目の繰り返しタイプ」だ。いろいろと書き連ねてはあるが、2段目が3段目の説明の単なる繰り返しになっており、意欲向上策全体、スキル向上策全体の特徴がはっきりしない。読み手がこれを再度So What?したくなる代物だ。これも説明のエッ

図3-11　Step 3:下から上にSo What?/Why So?する──②2段目の説明

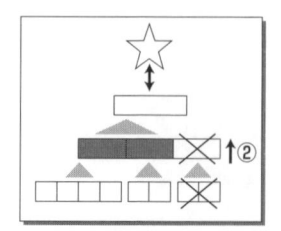

避けたいありがちな例3:
上下のミスマッチ・タイプ

> 採用と育成の段階について何の説明もない

意欲向上策
成果を還元する評価・報奨の仕組みと独立支援体制の充実が技術者の意欲向上につながっている

スキル向上策
ハード・ソフトの両面で技術者のスキル向上を促す諸施策を行っている

> OJT、OFF-JTの切り口と一致しない

採用の段階	育成の段階	評価・報奨の段階	独立支援の段階	OJT	OFF-JT
独立志向の強い人材を採用し、高度な……	仕事上の悩みに先輩が相談相手として……	給与は、利益貢献度に基づく歩合給と……	プロレベルと認めると業務委託と……	全技術者の得意分野やスキルランクを……	トレーニングセンターに高スキルの……

センスは伝わらない。

◎避けたいありがちな例3

　3つ目のありがちなまとめ方は、図3-11の「上下のミスマッチ・タイプ」だ。意欲向上策は、「成果を還元する評価・報奨の仕組みと独立支援体制の充実が意欲向上につながっている」とある。先にSo What? した3段目の説明には採用と育成の仕組みもあった。これらは重要ではないのだろうか。また、スキル向上策には「ハード・ソフトの両面で……」とあるが、3段目はOJT、OFF-JTに分けている。このように上下の説明がかみ合わないと、読み手は何が重要なのか、混乱してしまう。

図3-12　Step 3：下から上にSo What?/Why So?する──②2段目の説明

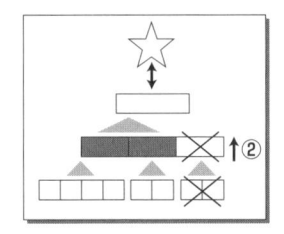

望ましい例

> 段階別に施策の特徴を明文化し、共通性を抽出している

> 4段階、OJTとOFF-JTという3段目の切り口を埋め込み、上下のつながりを示している

> OJT、OFF-JTの特徴を明文化し、共通性を抽出している

意欲向上策
独立志向の人材の採用から、相互啓発による育成、成果を還元する給与、手厚い独立支援まで、人材管理の各段階で技術者の自主性に働きかけて、スキル向上意欲を高めている

スキル向上策
チーム派遣とベテラン技術者のスキルを体系化した研修というOJTとOFF-JTの双方で、個々の技術者が高スキル技術者のスキルを学ぶ機会を作り出している

採用の段階	育成の段階	評価・報奨の段階	独立支援の段階	OJT	OFF-JT
独立志向の強い人材を採用し、高度な……	仕事上の悩みに先輩が相談相手として……	給与は、利益貢献度に基づく歩合給と……	プロレベルと認めると業務委託と……	全技術者の得意分野やスキルランクを……	トレーニングセンターに高スキルの……

◎望ましい例

では、望ましい例を図3-12で見ていただきたい。意欲向上策については、採用、育成、評価・報奨、独立支援という人材管理の段階ごとに、策を講じており、いずれも人の自主性に働きかける策であることが特徴だ。この共通性を、各段階の施策の特徴をもとに、まとめている。

一方、スキル向上策としては、低スキル技術者が高スキル技術者から学ぶことができる、チーム派遣やベテランのトレーナーのノウハウを体系化した研修がある。これらOJTやOFF-JTは、どちらもともに、組織内の高

度なスキルを技術者たちが学ぶ機会、といえそうだ。この共通点が、2段目の説明の中で重要な要素になる。

　So What? したら、必ず Why So? と自問自答して、3段目がその答えになっているかどうか、検証を十分にかけておこう。

▶ポイント

　2段目の説明だけを読んで、意欲向上策とスキル向上策の全体像を正しくつかめるように So What? するには、3つの勘所がある。

　1つは、3段目から重要なエッセンスを正確に引き出したうえで、それを「以下のような」「多様な」などという表現でごまかさずに、明文化すること。第2に、3段目の切り口を埋め込み、上下のつながりを示すこと。第3に、引き出した複数の重要な点に共通性があれば、その共通性を説明することだ。

③結論の説明を So What?/Why So? する

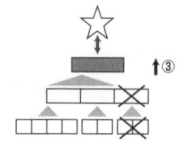

　いよいよ組み立ての最終段階だ。2段目まで正確に So What? してあれば、それを着実に束ねて結論を So What? すればよい。

▶考えよう！

　2段目の説明を束ねて結論を So What? しよう。その際、「問い」と「結論の素」を念頭に、結論が「問い」の答えになるようにしよう。

図3-13　Step 3：下から上にSo What?/Why So?する──③結論の説明

避けたいありがちな例

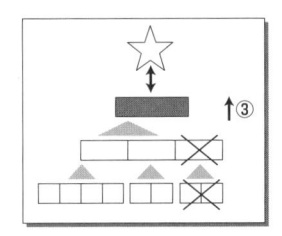

So What? 放棄タイプ

ベータ社は技術者の意欲とスキルの両面を高めるために固有の仕組みを作っている

→ どう「固有」なのかがわからず、抽象的な説明にとどまる

2段目の繰り返しタイプ

ベータ社は独立志向の人材採用、相互啓発による育成、成果を還元する給与、手厚い独立支援を通して、技術者の意欲を喚起している。また、チーム派遣やベテラン技術者のスキルを体系化した研修によって、技術者のスキルアップも図っている

→ 2段目の説明の繰り返しにとどまり、エッセンスをつかめない

上下のミスマッチ・タイプ

ベータ社は技術者の能力向上に投資を惜しまず、採用から一貫した体制で取り組んでいる

→ 意欲向上策とスキル向上策とに分けた、2段目の説明とかみ合わない

解　説

◎避けたいありがちな例

　結論のSo What?についても、避けるべきありがちなまとめ方は、2段目のSo What?で示したように、So What?放棄、2段目の繰り返し、上下のミスマッチの3つだ。

　図3-13を見てみよう。So What?放棄タイプは「固有の仕組みがある」の「固有」を明文化できると、ぐっとエッセンスがはっきりするだろう。

　2段目の繰り返しタイプは、ここからさらにエッセンスの絞り込みが必要だ。

図3-14　Step 3:下から上にSo What?/Why So?する──③結論の説明

望ましい例

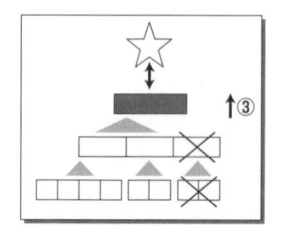

問い：ベータ社では、派遣技術者の能力向上のためにどのような取り組みをしているのか？

ベータ社は、意欲とスキルの両面から技術者の能力向上に取り組んでいる。意欲面では、採用から独立支援に至る人材管理の各段階で周到に各人の意欲を喚起し、スキル面では、高スキル技術者のスキルをOJT・OFF-JT双方を通して技術者全体に移転させている

・「問い」への答えになっている
・結論だけ読んでも、ベータ社の取り組みの全体像をつかめるだけの具体性がある

意欲向上策
独立志向の人材の採用から、相互啓発による育成、成果を還元する給与、手厚い独立支援まで、人材管理の各段階で技術者の自主性に働きかけて、スキル向上意欲を高めている

スキル向上策
チーム派遣とベテラン技術者のスキルを体系化した研修というOJTとOFF-JTの双方で、個々の技術者が高スキル技術者のスキルを学ぶ機会を作り出している

　また、上下のミスマッチ・タイプは、「採用から一貫した体制で取り組んでいる」ことが本当に結論ならば、2段目の切り口が意欲向上策・スキル向上策の括りでは、上下の意味がつながらない。その場合、2段目は採用段階を起点とするステップ分けになっているべきだ。

◎望ましい例

　図3-14を見ていこう。ベータ社の特徴としてまず挙げるべきは、意欲向上策とスキル向上策の両面を進めている点だろう。だが、もちろんそれだ

けでは、結論としては特徴を語りきれておらず、物足りない。

　意欲向上については、人を採用し、育成し、評価・報奨し、そして独立を支援するという人材管理のプロセス全域でやる気を引き出す仕組みがある。その周到な仕掛けが、ベータ社の特徴だろう。また、スキル向上については、高スキル技術者のスキルを他の技術者に移転させるOJTやOFF-JTを組織として進める仕組みを作っている。この点をまとめたものが図3-14だ。

ポイント

　2段目の説明をSo What?/Why So? するときのポイントは、図3-12に示したように3つあった。下の説明のエッセンスを明文化する、そのエッセンスに共通性があればそれを導き出す、下の説明の切り口を埋め込み、上下のつながりを示す、である。

　そうした2段目の説明から結論をSo What?/Why So? する際には、これら3つに加えて、次の2つの点を気をつけよう。

　1つは、「ベータ社では、派遣技術者の能力向上のためにどのような取り組みをしているのか？」という「問い」への答えになるようにSo What? すること。もう1つは、忙しい読み手が結論だけを読んだとしても、「なるほど、ベータ社は能力向上にこのように取り組んでいるのだな」とベータ社の特徴を把握できるだけの全体観と具体性を持たせることだ。

　図3-14の望ましい例の結論を頂点に置き、Step 1～Step 3のアウトプットを統合した完成版の論理パターンが次ページの図3-15になる。

　本章で見てきたように、論理的に組み立てるとは、縦にSo What?/Why So?、横にMECEという関係を作ることに尽きる。使う考え方はMECEとSo What?/Why So? の2つだけ。誠にシンプルだ。この2つを徹底して使いこなそう。運動の基礎トレーニングと同じで、日頃から意識して地道に自己訓練をすれば、必ず速く正確にできるようになる。

図3-15 完成した論理パターン

望ましい例

問い: ベータ社では、派遣技術者の能力向上のためにどのような取り組みをしているのか？

結論: ベータ社は、意欲とスキルの両面から技術者の能力向上に取り組んでいる。意欲面では、採用から独立支援に至る人材管理の各段階で周到に各人の意欲を喚起し、スキル面では、高スキル技術者のスキルをOJT、OFF-JT双方を通して技術者全体に移転させている

↑ So What?

意欲向上策
独立志向の人材の採用から、相互啓発による育成、成果を還元する給与、手厚い独立支援まで、人材管理の各段階で技術者の自主性に働きかけて、スキル向上意欲を高めている

スキル向上策
チーム派遣とベテランOJTとOFF-JTのスキルを学ぶ機会

← MECE →

↑ So What? Why So? ↓

採用の段階	育成の段階	評価・報奨の段階	独立支援の段階
独立志向の強い人材を採用し、高度なスキルを習得すれば会社が独立を支援することを採用時から訴求して、人をスキル向上へと動機づけている	仕事上の悩みに先輩が相談相手として助言するメンター制度がある。これが、若手、ベテランの間に成長への相互啓発を生み出し、スキル向上意欲を高めている	給与は、利益貢献度に基づく歩合給と、スキル評価に基づく固定給が半々である。成果を目に見える形で還元する給与の仕組みがスキル向上意欲を高めている	プロレベルと認めると業務委託と資金援助で独立を支援し、復職も受け入れる。長期的な独立支援が、プロをめざした高スキル獲得を動機づけている

← MECE →

Why So? ↓

ン技術者のスキルを体系化した研修、とい
双方で、個々の技術者が高スキル技術者の
を作り出している

　　　　　　　So What?　　Why So? ↓

OJT　　　　　　**OFF-JT**

OJT	OFF-JT
全技術者の得意分野やスキルランクを蓄積したデータベースを活用して、高スキル技術者に低スキル者を組み合わせたチームを編成し、顧客に派遣している。このため、低スキル者は業務内でスキルを習得できる	トレーニングセンターに高スキルのベテラン技術者をトレーナーとして配置し、彼らが培ってきたスキルを体系化した研修プログラムを開発・提供している。技術者は自由に受講でき、実践的な内容と評価が高い

←――― MECE ―――→

第3章　本論の組み立て（2）――ロジカル・シンキングの実践

COLUMN

ロジカル・シンキングと
ツー・カー・コミュニケーション

　「今のご時世、ロジカル・シンキングをして説得力のある説明をすることは、営業活動で不可欠になっている。と同時に、営業の現場では、お客様が出したちょっとしたサインを捉えて、お客様の聞きたいこと、知りたいことを即座に返せる——。そんな、スピード感あふれるコミュニケーションも大事。この2つはどちらも重要なのだが、どうも相反するようにも見える。両者の関係やいかに？」。某社の営業部門のリーダーの方からこんな質問をいただいた。

　相手の知りたいことをすぐさま答えるスピード感あふれるコミュニケーションを、「ツー・カー・コミュニケーション」と呼ぶとする。この「ツー・カー・コミュニケーション」とロジックやロジカル・シンキングは、確かに一見、水と油のようだ。だが、実は2つは根っこの部分でつながっている。

　論理パターンでは、複数の要素を縦にSo What?/Why So?、横にMECEに組み立てていく。どうも話がかみ合わないとき、相手の求める情報と、こちらの差し出す情報の、縦と横の位置関係がずれていないだろうか。例えば、サービスを提案する場合、顧客はそのサービスによって業務の質も高めたいと感じているのに、効率面のメリットばかり説明してしまう。あるいは、論理パターン上の結論やそれを直接支える2段目の要素にしか関心のない顧客の役員に、3段目や4段目の細かな情報を長々説明し、見事空振り、といった具合に。

　縦と横の感覚を養うことが大切だ。縦横の法則で情報を整理できるようになると、相手の問いかけや話の断片から、「効率と効果の両面を訴求せねば」とMECEに考えて説明を軌道修正するようになる。また、「今は個別具体的な話はお呼びでない。2段目の、より統合された情報が必要だ」とか、逆に「3段目の具体論が必要だ」と縦の階層を考えるようになる。こうなれば、相手の「ツー」という一言をヒントに、求められる情報を「カー」と返せる。

　ロジカル・シンキングと「ツー・カー・コミュニケーション」は水と油にあらず。ロジカル・シンキングへの習熟は、「ツー・カー・コミュニケーション」の達人への道でもあるのだ。

3. 論理パターンをセルフチェックする

　本論を論理パターンで組み立てたら、それが読み手にとって本当にわかりやすいか、また、組み立てた要素をどこから、どのような順番で伝えるかをチェックしよう。セルフチェックのポイントは、図3-16に示したように、

- Check 1：読み手のWhy So?に過不足なく答えているか？
- Check 2：要旨が明快か？
- Check 3：結論を先に伝えるか、根拠を先に伝えるか？

図3-16　論理パターンのセルフチェックのポイント

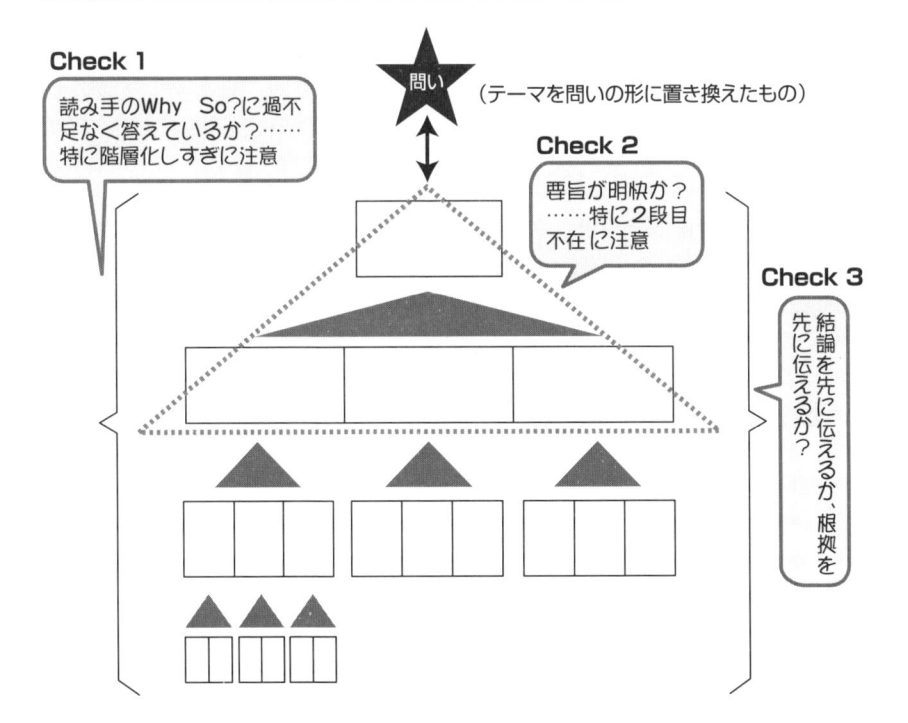

Check 1
読み手のWhy So?に過不足なく答えているか？……特に階層化しすぎに注意

問い（テーマを問いの形に置き換えたもの）

Check 2
要旨が明快か？……特に2段目不在に注意

Check 3
結論を先に伝えるか、根拠を先に伝えるか？

第3章　本論の組み立て（2）──ロジカル・シンキングの実践

という3つである。

Check 1：読み手のWhy So? に過不足なく答えているか？

　説明の中身を組み立てるとき、往々にして、「まぁ、これだけ説明しておけば十分だろう」と説明不足になったり、逆に細かく言及しすぎてしまったりする。そこで、組み立てた論理パターンが、「問い」に対して過不足なく、読み手の「Why So?」に答えているかどうかをチェックしよう。

　論理パターンを学んだばかりの方に特に見られる傾向は、階層化のしすぎだ。図3-17は、前節で扱ってきたベータ社のケースで、4段目まで階層化した組み立ての例だ。一見、精緻でなかなか立派な組み立てに見えるが、実際に説明を読むとSo What? をつかみにくい。3段目の説明は、見出しの繰り返し程度で、2段目にWhy So? と尋ねたときの説明として具体性に欠ける。4段目は、細切れでSo What? をつかみにくい。4段目まで階層を作ったことで縦、横ともに枠組みが複雑になり、また縦に見ると、エッセンスが希釈され、説明が間延びしている。

　やはり、前節で作った完成型の論理パターン、図3-15（74～75ページ）のように、3段目までの組み立てのほうが説明が簡潔だ。組み立てた論理パターンが、常に、Why So? に過不足なく答え、全体の組み立てがシンプルになるようにチェックしよう。論理パターンはコンパクトなほどよい。

Check 2：要旨は明快か？

　結論は何で、それを直接支える根拠はいくつ、何があるのか――。この、本論全体のエッセンスを凝縮したものが「要旨」だ。論理パターンで本論を組み立てたとき、結論とその下の2段目の要素を合わせたものが「要旨」になる。図3-18に図示した、論理パターンの頂点の三角形の部分が「要旨」である。図3-15のベータ社の報告内容でいえば、要旨は、結論と2段目の、

図3-17　Check 1：読み手のWhy So?に過不足なく答えているか？（ベータ社のケース）

避けたい階層化しすぎの例

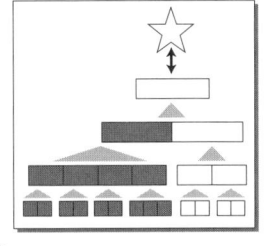

2段目

意欲向上策
独立志向の人材の採用から、相互啓発による育成、成果を還元する給与、手厚い独立支援まで、人材管理の各段階で技術者の自主性に働きかけて、スキル向上意欲を高めている

3段目

採用の段階	育成の段階	評価・報奨の段階	独立支援の段階
採用時から人を動機づけている	仕事上の悩みに先輩が相談相手として助言するメンター制度がある	成果が還元される給与体系となっている	手厚い独立支援策の下、独立をめざしてスキルアップが可能

→ 2段目にWhy So?と尋ねたときの説明として具体性に欠ける

4段目

| 独立志向の強い人材の採用 | 高スキル獲得後には独立可能と訴求し、やる気を引き出す | 若手は先輩に近づこうと考える | ベテランは若手の手本になろうと考える | 半分は利益貢献度で決まる歩合給 | 残り半分は能力評価に基づく固定給 | 独立のための資金援助をしている | 独立後には業務委託をしている | 独立後の復職も認めている |

→ 細切れすぎてSo What?をつかめない

意欲向上策とスキル向上策の3つの要素だ。

　論理パターンを組み上げたら、この頂点の三角形の部分にあたる「要旨」

図3-18　Check 2:要旨が明快か？

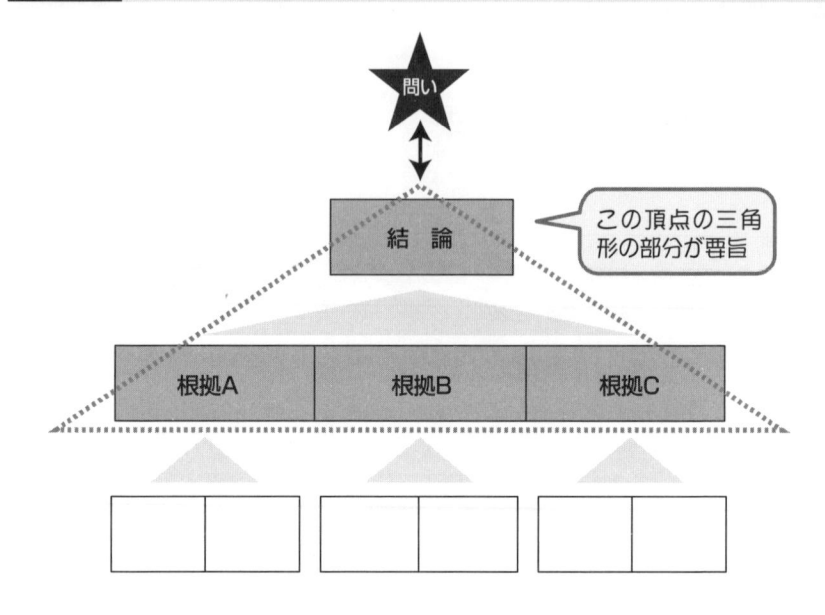

（図：問い ★ → 結論 → 根拠A／根拠B／根拠C　「この頂点の三角形の部分が要旨」）

を確認しよう。結論は何か？、結論にWhy So?と問われたときの直接の根拠は、いくつ、何があるか？と。

　ビジネス文書を見ていると、「要旨」の要素が欠落しているものが多い。今や、結論が大事という認識は多くのビジネスパーソンに浸透し、結論不在の説明は少なくなった。多いのは、結論はあるが、それを支える論理パターンの2段目が不在の説明だ。わかりにくい組み立ての代表選手が、この「2段目不在」だと私は考えている。

　図3-19は、ベータ社のケースで2段目不在の組み立て例を示したものだ。2段目には見出しだけがあり、3段目を束ねてSo What?した説明がない。結論を直接支える根拠が、3段目の要素になっており、説明の縦の流れに飛びがある。また、3段目から一挙に結論をSo What?することも容易でなく、「さまざまな工夫をしている」などというように、So What?放棄の結論にな

図3-19　Check 2:要旨が明快か?(ベータ社のケース)

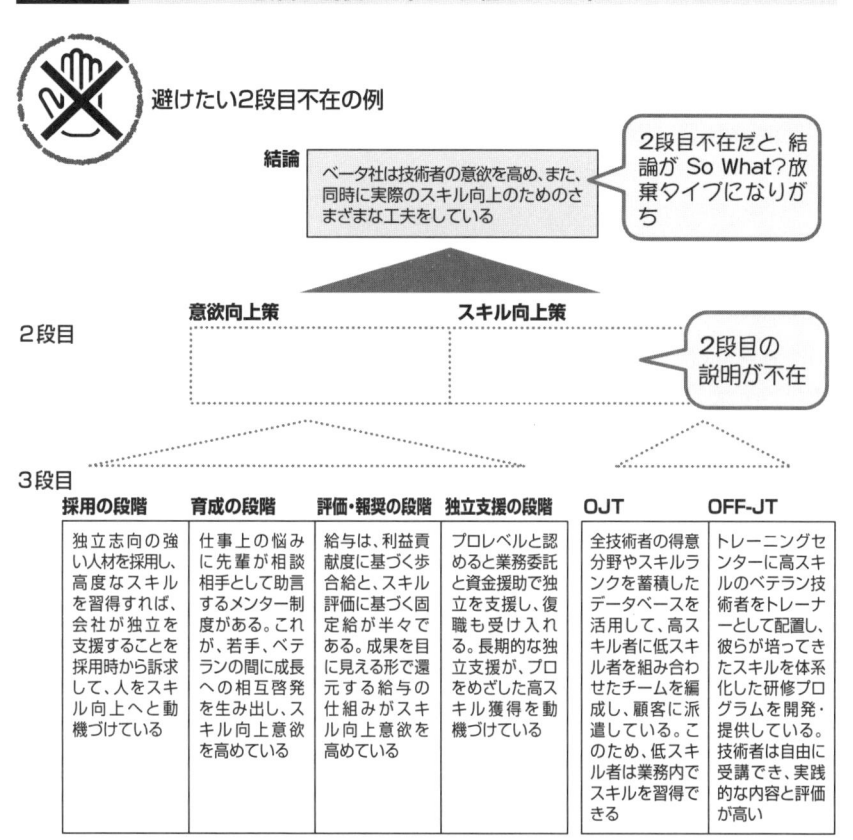

避けたい2段目不在の例

結論: ベータ社は技術者の意欲を高め、また、同時に実際のスキル向上のためのさまざまな工夫をしている

> 2段目不在だと、結論が So What?放棄タイプになりがち

2段目: 意欲向上策 / スキル向上策

> 2段目の説明が不在

3段目:

採用の段階	育成の段階	評価・報奨の段階	独立支援の段階	OJT	OFF-JT
独立志向の強い人材を採用し、高度なスキルを習得すれば、会社が独立を支援することを採用時から訴求して、人をスキル向上へと動機づけている	仕事上の悩みに先輩が相談相手として助言するメンター制度がある。これが、若手、ベテランの間に成長への相互啓発を生み出し、スキル向上意欲を高めている	給与は、利益貢献度に基づく歩合給と、スキル評価に基づく固定給が半々である。成果を目に見える形で還元する給与の仕組みがスキル向上意欲を高めている	プロレベルと認めると業務委託と資金援助で独立を支援し、復職も受け入れる。長期的な独立支援が、プロをめざした高スキル獲得を動機づけている	全技術者の得意分野やスキルランクを蓄積したデータベースを活用して、高スキル者に低スキル者を組み合わせたチームを編成し、顧客に派遣している。このため、低スキル者は業務内でスキルを習得できる	トレーニングセンターに高スキルのベテラン技術者をトレーナーとして配置し、彼らが培ってきたスキルを体系化した研修プログラムを開発・提供している。技術者は自由に受講でき、実践的な内容と評価が高い

りがちだ。

　書き手の意識は、結論と3段目の各論に集中しがちなものだ。だが、読み手が知りたいのは、「結論は何で、それには、いくつの、どのような根拠があるのか」という「要旨」だ。「要旨」を納得できれば、読み手は3段目の細かな情報を読む手間を省けるかもしれない。2段目の説明がSo What?/Why So? してあることを確認しよう。

　論理パターンの構成要素全体を文章スタイルで記述していく方法は第5

章で取り上げている。その方法をとれば、論理パターン上の「要旨」を読み手は紙面から容易に読み取ることができる。

Check 3：結論を先に伝えるか、根拠を先に伝えるか？

「論理的な組み立て」と、書く（あるいは話す）ときの「説明の順番」とは異なるものだ。組み立てのうえで、結論は頂点に位置するが、組み立てた要素を書く（話す）順番において、結論先出しとは限らない。論理的に伝えること、イコール、結論先出しの説明と考えるのは短絡的だ。これでは有効なコミュニケーションにはならないのではないだろうか。

書く（話す）順番には、図3-20、図3-21のように、
- 論理パターンの上位の要素から、下位の要素へと、結論を先に伝える
- 論理パターンの最も下の要素から、結論に向けて、根拠を先に伝える

という2通りがある。論理パターンを組み立てたら、どのような順番で書くのか、伝える順番を決める必要がある。結論から伝えるのか、根拠から伝えるのかを決めるには、次の3つの視点から考えてみるとよい。
- 誰がコミュニケーションのテーマ設定をしたのか
- 読み手は結論に対してどのようなスタンスか
- 読み手に本論全体をどのように理解してもらいたいのか

結論から先に伝えるのが有効なケース
①読み手がテーマを設定し、答えを待っている場合

ある企業の支店で、「商品Xの販売状況について報告してほしい」と本部から指示を受けて報告書を書くとしよう。報告を求めた本部は、商品Xの販売状況は結局のところどうなのかという答えを待っている。詳細説明をさんざん書いたうえで、最後に結論でSo What?を示すのでは読み手にとってまどろっこしい。そこで、指示に対する報告や依頼に対する返答を書くなど、読み手の側がコミュニケーションのテーマを設定した場合には、結論先出し

図3-20　Check 3:結論を先に伝えるか、根拠を先に伝えるか？(1)

結論を先に伝える

★ ⇅ 結論 → A B C

書く順序のイメージ

結論は……である
↓ なぜならば……
Aの観点からは……である
↓
Bの観点からは……である
↓
Cの観点からは……である

有効なケース

①読み手がテーマを設定し、答えを待っている場合

②読み手はすでに結論を承知しており、確認してもらえばよい場合

③本論の全体像を速やかに理解してもらいたい場合

｝多くのビジネス文書作成のケースをカバー

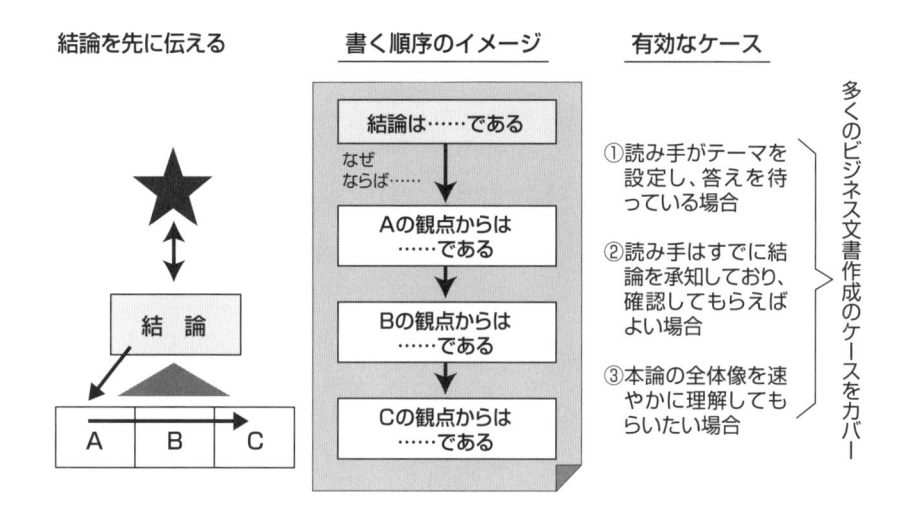

で書くべきだ。

②読み手はすでに結論を承知しており、確認してもらえばよい場合

　会議の議事録や、確認事項のメモなど、読み手とコミュニケーションの中身をすでに共有しており、その確認のために文書を書く場合がある。このようなときにも、結論から書くと、相手にとって冗長でなく、端的なコミュニケーションになる。

③本論の全体像を速やかに理解してもらいたい場合

　システム設計やプラント設計などの解説資料や新商品の複雑な特性を紹介する文書やプレゼンテーション資料などを考えてみよう。詳細情報を書き連ねたうえで最後に、「すなわち○○は、A、B、Cの3点がポイントになる」と、説明してあるものが少なくない。読み手としては逆の順番で、最

図3-21　Check 3:結論を先に伝えるか、根拠を先に伝えるか?(2)

根拠を先に伝える

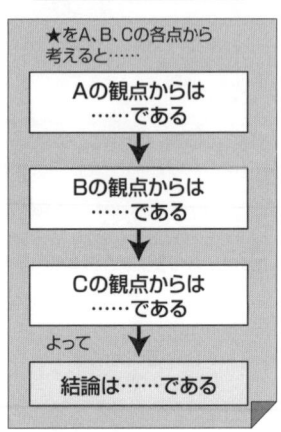

書く順序のイメージ

★をA、B、Cの各点から考えると……
- Aの観点からは……である
- ↓
- Bの観点からは……である
- ↓
- Cの観点からは……である
- よって
- 結論は……である

有効なケース

④書き手が自らテーマを設定した場合

⑤結論に対する読み手の反発が予期される場合

⑥読み手にも自らSo What?しながら、結論を理解してもらいたい場合

初に「○○はA、B、Cの3点がポイントになる」と「結論」があり、続いて「Aは……」「Bは……」「Cは……」と具体的な情報を読むことができれば、迷子になることもなく、早く全体像を理解できるだろう。

　ビジネス文書では①や③の場合に該当するものが多い。結果として、結論から先に書くと望ましいものが多くなると言えるだろう。

根拠から先に伝えるのが有効なケース

　逆に、図3-21のように、論理構造の下から上に向かって、根拠から結論へと書くほうが有効な場合ももちろんある。

④書き手が自らテーマを設定した場合

　例えば、自ら何かを提案するための文書を書く、依頼文を書くといった

ケースが該当する。この場合、読み手は、当該のテーマで何かを伝えられること自体に何の必然性も感じていないことが多い。

そのようなとき、いきなり「具体的に〇〇をお薦めします」とか、「××の取り組みをしたい」と結論を述べたのでは、唐突感が強く、反発を招くおそれもある。根拠から説明し、その後で「具体的に〇〇をお薦めします」とか、「××の取り組みをしたい」と、結論を伝えていくのが望ましい。

⑤結論に対する読み手の反発が予想される場合

相手が想定しているのとは全く異なる結論や、相手の利害に反する結論を提示しなければいけない場合がある。もちろん、コミュニケーションを広くとらえれば、意外な結論を最初に明示することで相手の興味をひきつけて本論への期待感や関心を喚起させることはありうる。

しかし、ビジネスの実際では、相手が予期せぬ結論をいきなりぶつけては、相手の反発を招き、議論が暗礁に乗り上げることが多い。そのような場合、なぜ？という根拠から説き起こし、それらを So What? した結論へと相手を導くことが望ましい。

⑥読み手にも自ら So What? しながら、結論を理解してもらいたい場合

あなたの職場でコスト削減のための業務改革を実行することになったとしよう。あなたは改革事務局として、組織の人々を対象に、改革について説明会を企画し、その場で用いる説明資料を作成することになった。事務局では、組織内にコスト削減の必要性を十分理解し、改革が不可欠なことを納得してもらいたいと考えている。そのためには、参加者にいきなり「これを実行する」と結論をぶつけるのではなく、根拠の要素から示して、参加者自身に情報を So What? してもらい、結論に至るような資料にすると効果的だろう。

実際のビジネス・コミュニケーションでは、ここに挙げた①～⑥の場合

図3-22 Check 3:結論を先に伝えるか、根拠を先に伝えるか？（ベータ社のケース）

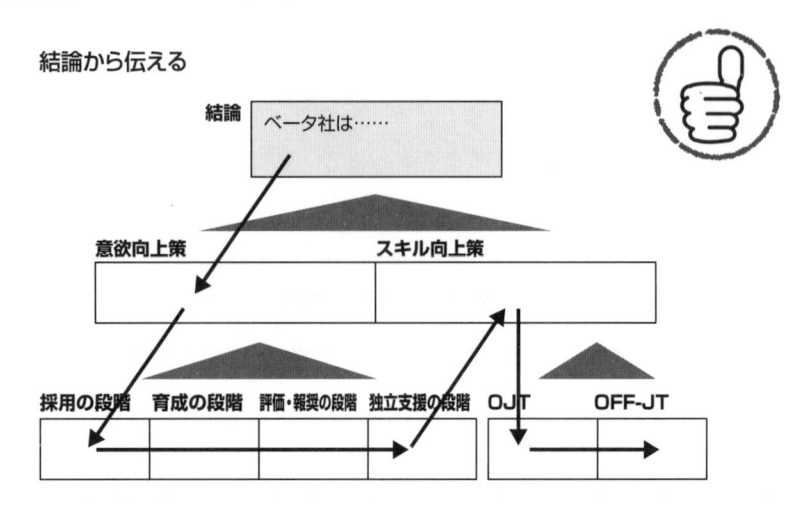

結論から伝える

```
結論          ベータ社は……

         意欲向上策        スキル向上策


採用の段階 育成の段階 評価・報奨の段階 独立支援の段階  OJT    OFF-JT
```

が重複して該当するケースも多々あるだろう。どれを最も重視するかによって「結論を先に伝える」か「根拠を先に伝える」かを決めていこう。

　件のベータ社の報告書は、プロジェクトのチームリーダーから報告を指示されて作成するものである。また、これは業界の成功事例の説明であるから、リーダー以外のプロジェクトメンバーが、報告の結論自体に反対意見を持っているとも考えにくい。そこで図3-22のようにトップダウンの結論先出しで書いていけばよい。

＊　　　＊　　　＊

　答えるべき「問い」がはっきりしていること。これが本論を論理的に組み立てるための大前提だ。
　そのうえで、情報収集や検討作業はしたものの「問い」への結論がいまだあやふやなとき、結論と根拠をどう組み立てていくかの手順を身につけておくことが大事だ。まず、根拠の材料をMECEにグループ分けしてみよ

う。ここで重要なことは、常にMECEな切り口を意識して、グループごとに見出しをつけ、説明の枠組みを明らかにすることだ。次に、MECEな切り口に沿って根拠から結論へと説明の内容をSo What?/Why So? して決めていく。ここでは、キーワードを羅列するだけでなく、具体的に明文化することが重要だ。組み立ての後には、読み手のWhy So? に過不足なく答えているか、要旨が明快か、説明の順番が適切か、というセルフチェックも欠かせない。

　自動車でもパソコンでも、新しい道具の使い初めには多かれ少なかれ違和感があるものだ。その違和感を我慢して使い続けるうちに、自分にとっての活用上の留意点や強化点が見え、自分なりの使い方を体得し、道具を自分のものにすることができる。ロジカル・シンキングの道具も全く同様だ。実践の中でぜひ使っていただきたい。

補論　複数の論理パターンのセルフチェック

　ベータ社のケースでは、「ベータ社は派遣技術者の能力向上にどのように取り組んでいるのか？」という1つの「問い」への「答え」を1つの論理パターンで組み立てた。仮に、テーマが複数の「問い」に置き換えられるなら、それらへの「答え」それぞれを論理パターンで組み立てる。個々の論理パターンは、3節の要領でチェックするが、ここでは複数の論理パターンで構成した本論全体の組み立てをセルフチェックするポイントを見ておこう。

　それは、図3-23に示した、「答えるべき『問い』に答えているか？」「要旨は明快か？」「各論理パターン間の説明のバランスは適切か？」の3点だ。

　図3-24（91ページ）は、この3点をチェックして完成させた「製品Xの市場シェア（占有率）向上について」というテーマの報告書の本論の組み立てだ。個々のチェックポイントを見ていこう。

Check 1：答えるべき「問い」に答えているか？

　第1章で述べたように、組み立ての準備として、いくつの、どのような問いに答えるべきかを確認する。準備段階では「問い」が明快でも、組み立て途上で迷路に入ることや、現実には、準備が不十分なこともあるだろう。答えるべきすべての「問い」に答えていることを、まず確認しよう。

　テーマが最終的に何らかのアクションの説明を求めるものの場合、そのテーマは、第1章で述べたように、「現状はどうなっているのか？」「課題は何か？」「アクションは何か？」という3種の「問い」に切り分けられる。図3-24のテーマ「製品Xの市場シェア向上について」もこれに該当する。そこでテーマは問い①「Xの現状はどうか？」、問い②「Xのシェア低下の原因は何か？」、問い③「Xのシェア向上のために何をすべきか？」の3つ

図3-23 複数の論理パターンによる組み立てのセルフチェック

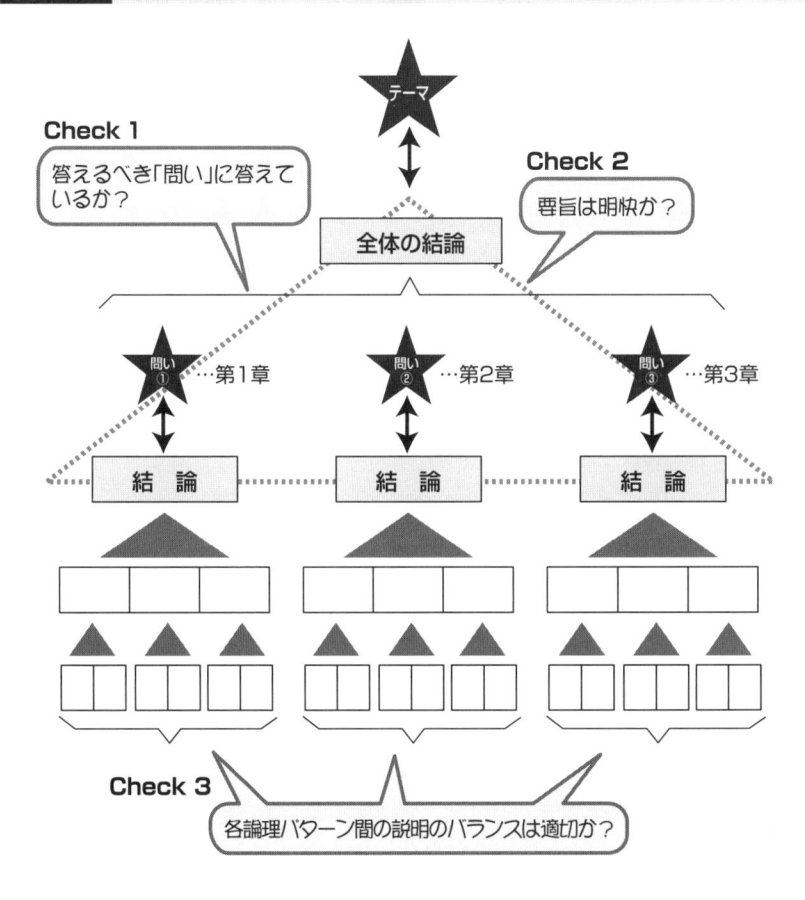

Check 1 答えるべき「問い」に答えているか？

テーマ ↔ 全体の結論

Check 2 要旨は明快か？

問い① ↔ 結論 …第1章
問い② ↔ 結論 …第2章
問い③ ↔ 結論 …第3章

Check 3 各論理パターン間の説明のバランスは適切か？

の「問い」に置き換えてある。

　ところが、ビジネス文書を見ていると、必要な問いが抜けていることが少なくない。特に目立つのは、「課題は何か？」の問いの抜けで、図3-24でいえば、問い②「Xのシェア低下の原因は何か？」の欠落だ。「Xは対競合の勝率が低く、シェアが低下している」という、問い①の答えである現状説明から、問い③の答えのアクションの説明に飛んでしまうわけだ。「高品質の訴求と、販売代理店向けインセンティブの拡充、販促資料や研修が

必要」と説かれても、なぜ、それを実行すればシェアが向上するのか、読み手は合点できない。現状とアクションをつなぐ、解決すべき課題を問う「問い」とその答えが必要だ。こうした「問い」の抜けをチェックしよう。

ちなみに、図3-23に示したように、1つの「問い」への「答え」を1つの章として括ると、各章で何を説明すべきかが明快になる。読み手にとっても本論全体の組み立てがわかりやすくなる。

Check 2：要旨は明快か？

次に、「要旨」を確認しよう。本論を複数の論理パターンで組み立てる場合、「要旨」は図3-23のように、各論理パターンの結論と、それをSo What? した全体の結論を合わせたものになる。「問い」と「章」が一対一対応していれば、章ごとの結論と、それらをSo What? した全体の結論が、「要旨」になる。図3-24では、シェードをかけた4つの要素だ。

なお、1つの論理パターンで本論を組み立てるときには、「要旨」は、図3-18ですでに説明したように、結論と2段目の要素を合わせたものだ。

特に注意したいのは、章ごとの結論が不在なために、要旨不明瞭な組み立てが多い、ということだ。全体の結論が不可欠であることは今や多くの書き手に認識されている。その中身が本論全体を的確にSo What? しているか否かはともかく、全体の結論が不在の組み立ては少ない。ところが、章ごとの結論が不在で、全体の結論を直接支える根拠が、各章の論理パターンの2段目以降の要素、という組み立ては多い。しかも、図3-19で触れたように、論理パターンの2段目も不在がちで、全体の結論を直接支えるのは3段目の説明、ということすらある。これでは、受け手は全体の結論に対して、いくつ、どのような根拠があるのか、要旨をつかめない。

こうした、章ごとの結論不在が、わかりにくさの元凶になっているケースは、文章化したものだけでなく、プレゼンテーション資料にも多い。章ごとの結論を出すことを心がけよう。

図3-24　セルフチェック後の組み立てのイメージ例

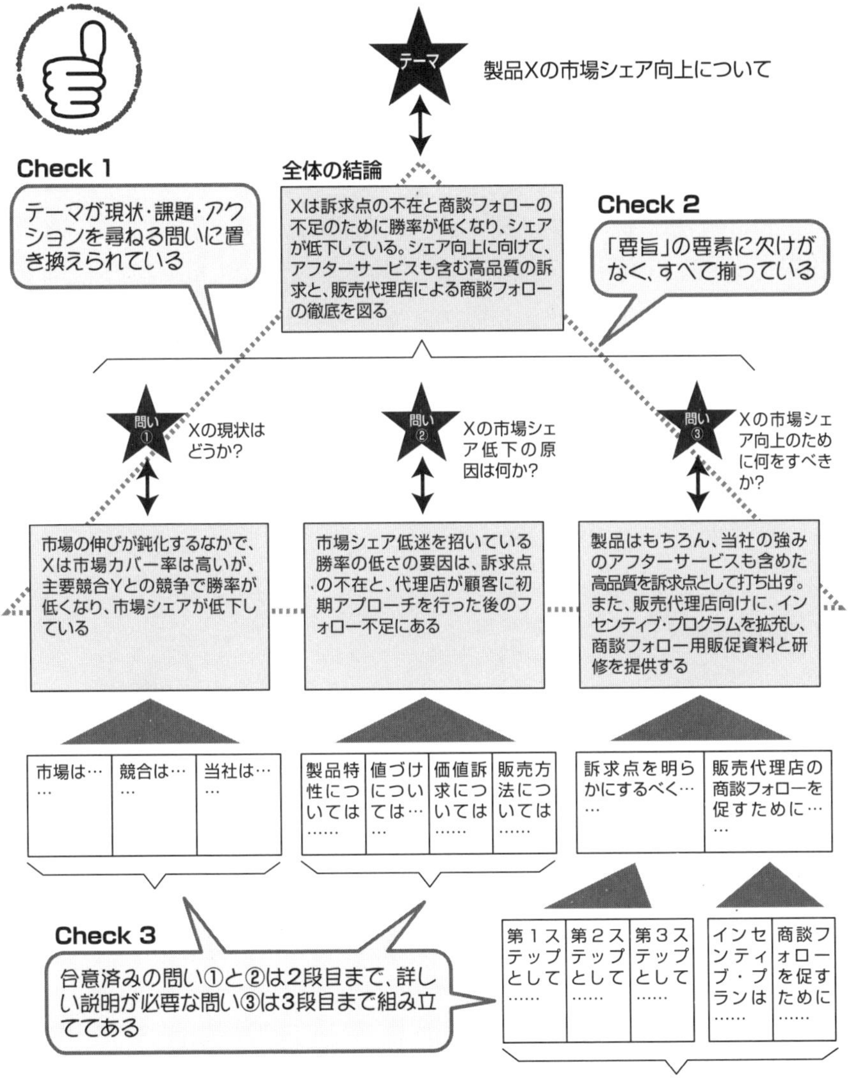

テーマ：製品Xの市場シェア向上について

全体の結論：Xは訴求点の不在と商談フォローの不足のために勝率が低くなり、シェアが低下している。シェア向上に向けて、アフターサービスも含む高品質の訴求と、販売代理店による商談フォローの徹底を図る

Check 1：テーマが現状・課題・アクションを尋ねる問いに置き換えられている

Check 2：「要旨」の要素に欠けがなく、すべて揃っている

問い①：Xの現状はどうか?
- 市場の伸びが鈍化するなかで、Xは市場カバー率は高いが、主要競合Yとの競争で勝率が低くなり、市場シェアが低下している
  - 市場は…
  - 競合は…
  - 当社は…

問い②：Xの市場シェア低下の原因は何か?
- 市場シェア低迷を招いている勝率の低さの要因は、訴求点の不在と、代理店が顧客に初期アプローチを行った後のフォロー不足にある
  - 製品特性については……
  - 値づけについては……
  - 価値訴求については……
  - 販売方法については……

問い③：Xの市場シェア向上のために何をすべきか?
- 製品はもちろん、当社の強みのアフターサービスも含めた高品質を訴求点として打ち出す。また、販売代理店向けに、インセンティブ・プログラムを拡充し、商談フォロー用販促資料と研修を提供する
  - 訴求点を明らかにするべく…
  - 販売代理店の商談フォローを促すために…
    - 第1ステップとして……
    - 第2ステップとして……
    - 第3ステップとして……
    - インセンティブ・プランは……
    - 商談フォローを促すために……

Check 3：合意済みの問い①と②は2段目まで、詳しい説明が必要な問い③は3段目まで組み立ててある

Check 3：各論理パターン間の説明のバランスは適切か？

　個々の論理パターンどうしの、説明の軽重のバランスをチェックする。第1章「組み立ての準備」を十分に行い、コミュニケーションの設定を確認し、どの「問い」に説明の主眼を置くかをつかんでいれば、それが大いに役に立つ。

　図3-24の報告書の場合、問い①「Xの現状はどうか？」と問い②「Xの市場シェア低下の要因は何か？」の答えは、すでに報告相手の上司と合意済み。今、主眼を置くべきは、問い③「製品Xの市場シェア向上のために何をすべきか？」への説明だ──。これが組み立ての準備における考察だとしよう。

　この場合、問い①と②の答えはさらりと確認し、問い③に詳しい答えを用意する必要がある。図3-24では、問い①と②の論理パターンは2段目まで、問い③は3段目までとなっている。このように、自分が書けるところ、書きたいところではなく、書くべきところこそ、説明が詳しくなるよう、説明内容を整えよう。

第4章
導入部の組み立て

　「はじめに」「ご提案（報告）にあたって」「ご報告（提案）の背景」「ご挨拶」などなど、文書の導入部の呼び方はさまざまだ。だが、どのような名称であってもビジネス文書の導入部の役割は一定だ。「なるほど、この文書はこういう用件のものなのだな。では先を読んでみようか」と読み手にコミュニケーションの土俵に上がってもらい、読み手を本論に導くことだ。読み手から見れば、導入部は、本論を読み進むための道しるべとなる。導入部は、本論に比べればぐっと短いが、読み手から期待する反応を確実に引き出すために不可欠なものだ。

　導入部では、「何について、何のために、誰が、誰に向けて書いているのか」というコミュニケーションの設定を説明する。具体的にどのような要素を、どういう観点から洗い出して説明すれば、読み手にとって有効な道しるべとなるのかを考えていこう。

1．避けたいありがちな例から学ぶ

　エディティング・サービスに携わっていて痛感することの1つが、導入部軽視の書き手が実に多い、という点である。時間が余ったら書こうか、といった程度に考えている向きも少なくない。なかには、「何を書けば導入になるんですか？　No ideaです……」という方もいる。その結果、読み始めの最初から「いったい何のための文書なのか？」と頭を抱えたくなる代

物も出てくる。

　そのような文書に見られる、避けたいありがちな導入部を分析してみると、典型的な３つのタイプがあるようだ。まずは、避けたいありがちな導入部の例とその改善案を対比して、読み手の道しるべになる、導入部のイメージをつかんでいこう。

埋没タイプ

　図４-１の文例は、メーカーのアルファ社が自社の販売代理店に出した文書だ。冒頭挨拶が２行ある。問題はその挨拶の下の「さて、改めて申し上げるまでもなく……」以降の内容だ。あなたが販売代理店店主であればどうだろうか。「で、それがどうした？」「で、いったい何をしろというのだろう？」と不安になったりイライラしたりしつつ、読むのではないだろうか。

　最後のほうまで読んではじめて、「あぁ、アルファ社はV21プロジェクトなるものを始めるのか。われわれ代理店にもそれへの協力を要請しており、これはその説明会への出席依頼なんだな」とわかる。だったらそれを初めに書いてほしいものである。この点こそ、導入部で説明すべき「何について、何のために書いているのか」だ。

　このように、導入部の要素が文中に埋もれている文書は枚挙に暇がない。自分の思考のプロセスをなぞってものを書くとこうなってしまう。「かくかくしかじか……。このようなわけで××について○○のご判断をお願い致します」とか、「……という紆余曲折がありまして△△。こういうわけなので、××についてご協力をお願いしたいのです」といった具合だ。

　では、図４-２の改善例を見てみよう。大きな変更点は、文中に埋まっていた「V21プロジェクトについて、代理店に理解と協力、さらに説明会への出席を要請する」という内容を冒頭に引っ張り上げた点だ。冒頭から、「……、ご出席くださいますよう、宜しくお願い申し上げます」まで約10

図4-1 避けたいありがちな導入部の例1——埋没タイプ

販売代理店への依頼文

〇年〇月〇日

販売代理店　店主各位

　拝啓　時下ますますご清祥のこととお慶び申し上げます。
　平素は、弊社製品販売にご尽力賜り、誠にありがとうございます。

　さて、改めて申し上げるまでもなく、市場では製品はもちろん、サービスの飽くなき品質向上がますます重要性を高めております。私どもアルファ社の使命は、高品質の製品をお客様にお届けして、お客様のより快適な暮らしをサポートすることであります。弊社では昨秋から、開発、購買、生産の各機能が連携をとり、製品品質向上プロジェクトを進めて一定の効果を上げて参りました。しかし、市場では製品のみならず、サービスの品質向上の重要性が一層高まり、競合企業も積極的にサービス強化に努めています。そして、市場のニーズをどれだけ充足できるかによって、メーカーが厳しく選別されるようになっております。この中、弊社も活動を広範囲にして強化すべきと判断致しました。

　そこで、今年度より、私どもアルファ株式会社では、製品・サービスの品質向上の全社プロジェクト「V21プロジェクト」を立ち上げました。これは、社長直轄の取り組みであり、弊社の今年度の主要経営課題の1つという、重要な位置づけです。
　このプロジェクトでは、開発から、購買、生産、販売・アフターサービスに至る各部門のメンバーから成るV21チームが中心となって、製品とサービス両面の品質向上の施策案を、部門の枠を超えて策定します。その施策案を、各部門の役員で構成するV21委員会が評価して、全社の優先順位の高いものから実行に移します。

　V21プロジェクトの成功のためには、弊社の大切なビジネスパートナーであり、お客様と直接の接点を持ち、お客様のたくさんの生の声を把握しておられる代理店各社のご理解、ご協力が不可欠です。そこで、代理店各社におかれましても、特に、現状の課題把握フェーズ、および改善案策定フェーズの実態調査や、改善案の試行においてぜひ、V21の取り組みにご協力いただきたく、お願い申し上げる次第です。
　代理店の皆様にV21プロジェクトをよりよく理解していただくため、来る△月△日（△）「V21説明会」をアルファ会館にて□時から□時まで開催し、当プロジェクトの概要、代理店各社へのお願い、V21プロジェクトの期待成果についてご説明申し上げます。

　ご多忙とは存じますが、万障お繰り合わせのうえ、ご出席賜りますよう、宜しくお願い申し上げます。代理店の皆様と弊社が、V21プロジェクトによって大きな成果を得ることを期待しております。
　皆様のご理解とご協力を重ねて心よりお願い申し上げます。

敬具

アルファ株式会社
営業本部長　水野二郎

図4-2 埋没タイプの導入部の改善例

販売代理店への依頼文

〇年〇月〇日

販売代理店　店主各位

V21 プロジェクトへのご協力、ならびに説明会へのご参加のお願い

拝啓　時下ますますご清祥のこととお慶び申し上げます。
　平素は、弊社製品販売にご尽力賜り、誠にありがとうございます。

　ご高承のとおり、市場では製品、サービスの品質向上へのニーズがますます高まっております。私どもアルファ社では、市場の求めにより一層応え、お客様から選ばれる存在であり続けられるよう、このほど、製品・サービスの品質向上の全社的取り組み「V21 プロジェクト」をスタート致しました。
　販売・アフターサービスという重要な機能を担っていただく代理店各社にも、市場でともに勝ち抜くために、V21 プロジェクトにご協力賜りたく、お願い申し上げます。
　ついては、来る△月△日（△）、代理店の皆様を対象に、V21 プロジェクトの説明会を開催致します。ご多用中と存じますが、ぜひ、ご出席くださいますよう、宜しくお願い申し上げます。

｝導入部

- **製品・サービスの品質向上取り組みの背景**

　高品質の製品をお届けして、お客様のより快適な暮らしをサポートすることは、私どもアルファ社の最大の使命です。弊社では昨秋から、開発、購買、生産の各機能が連携をとり、製品品質の向上に取り組み、一定の効果を上げて参りました。
　しかし、市場では製品だけでなく、サービスの品質向上の重要性が一層高まり、競合企業も積極的にサービス強化に努めています。この中、弊社もサービスにまで対象を広げて、品質向上に取り組むべきものと判断致しました。

- **V21 プロジェクトの目的と概要**

　そこで、当社は、4月から来年3月までの1年間の予定で、製品・サービスの品質向上の全社活動「V21 プロジェクト」を開始しました。これは今年度の主要経営課題の1つであり、社長直轄プロジェクトです。
　当プロジェクトでは、開発から、購買、生産、販売・アフターサービスに至る各部門のメンバーから成る V21 チームが中心となって、製品とサービス両面の品質向上の施策案を部門の枠を超えて策定します。その施策案を、各部門の役員で構成する V21 委員会が評価して、全社の優先順位の高いものから実行に移します。

- **代理店各社へのご協力のお願い**

　V21 プロジェクトの成功には、弊社の大切なパートナーであり、お客様と直接の接点を持ち、お客様の多くの生の声を把握しておられる代理店各社のご理解、ご協力が不可欠です。特に現状の課題把握フェーズでのヒアリング、改善案策定フェーズでの実態調査、改善案の試行において、ご協力を賜りたく、お願い申し上げます。

> ● V21 説明会ご参加のお願い
> 　代理店の皆様にV21プロジェクトをご理解いただくため、説明会を開催致します。万障お繰り合わせのうえ、ご出席ください。
> 　・日時：△月△日（△）□時〜□時
> 　・場所：アルファ会館（別紙地図をご参照ください）
> 　・テーマ：「V21プロジェクトのめざすもの」
> 　　　　　活動の概要・代理店各社へのお願い・V21の期待成果
>
> 　V21プロジェクトによって、代理店の皆様と弊社がともに大きな成果を得ることを確信しております。皆様のご協力を重ねてお願い申し上げます。
>
> 　　　　　　　　　　　　　　　　　　　　　　　　　　　　　敬具
>
> 　　　　　　　　　　　　　　　　　　　　　アルファ株式会社
> 　　　　　　　　　　　　　　　　　　　　　営業本部長　水野二郎

行を導入部とし、それ以降の本論部分と分けている。導入部が読み手の道しるべになるには、「何について何のために書いているのか」を、文中ではなく、冒頭で示すことが肝心だ。

　また改善例には、なぜV21プログラムを始めたのか、なぜ代理店にも参加を要請するのかについても短い説明を加えている。さらに、原文にはなかった表題をつけてテーマを明示し、期待する反応を示唆している。ビジネス文書では、パーソナルな色彩を持たせたいビジネスレターなどでなければ、表題をつけることは基本動作だ。

　このような導入部ならば、読み手は「どれどれ、詳細を読んでみるか」という気分になれるのではないだろうか。

　ちなみに改善例は、導入部に続く本論の部分を4つに分け、見出しをつけて、組み立てを視覚化している。組み立ての視覚化については、第5章で説明する。

図4-3 避けたいありがちな導入部の例2——表題の繰り返しタイプ

社内への提案書

To：ソリューション事業企画部
　　企画ミーティングメンバー各位
From：平成太郎

ソリューション・アドバイザー資格取得支援制度の見直しの提案

標記の件、検討結果を以下、ご提案致します。

検討のまとめ

　ソリューション・アドバイザー（以下、SA）資格の取得支援は、主要顧客層で同資格を重視する傾向が高まっていることから、今後とも継続すべきである。ただし、現行制度は支援の費用対効果に改善余地が大きい。今後は、各部から業務で資格を活用できる適任者を推薦いただき、プレ試験合格者にのみ、資格取得費用を支給する。

1. SA資格取得支援制度の状況
   - SAは、業務改革を支えるITソリューションの提案力強化をねらいに、ABC協会が4年前に始めた資格制度。毎年12月のプレ試験合格が資格取得条件で、合格者は翌春、3カ月の実地研修修了後に資格を取得できる。
   - 当社のSA資格取得支援制度は全社員を対象に資格発足時に開始した。希望者個人が応募し、企画部が面接を行って年間4名を選考し、各人に30万円（プレ試験受験・実地研修参加費）を支給している。
   - 当制度の実績は、支援者は計12名、うち資格獲得者は6名で、半数はプレ試験不合格に終わっている。また、取得者中、プロジェクト業務に直接資格を活かしているのは3名にすぎない（添付資料1）。

2. SA資格取得支援の是非
   - SA資格の現状を見ると、当社の主要客の中小企業では特に、案件担当者の当資格保持を発注条件に含めるところも出ており、競合各社も取得を奨励している。この中、当社では、今期に入り、資格保有者を当該案件に配置できずに競合入札に参加不可といった事態も起きた。
   - 当社は、人材育成の方針として、成果実現に必要な有形無形のアセットは積極的にその確保を支援することを堅持している。
   - 人材育成の方針に照らすと、競争上、重要になっているSA資格は、社として取得を支援すべきものと考える。資格のみならず、実地研修自体、IT提案に不可欠な経営・業務運営上の知識を体系的に習得するうえで、支援にふさわしい充実した内容である（添付資料2）。

3. 制度改善の方針
   - 社としての支援がSA資格取得に確実に結びつくよう、資格取得費用は、実質的にプレ試験合格者にのみ支給する。
   - 取得したSA資格が業務で有効活用されるよう、支援対象者は、顧客のプロジェクトをリードする立場の者とし、所属部から適任者を推薦していただく。

- 支援者の数と支援額は、支援成果が顕在化していない現時点で拡大することはせず、現行の年間4人、1人30万円の支給を継続する。
4. 新年度のSA資格取得支援制度の内容（案）
- 応募資格：プロジェクトの要になる3級～5級社員で、SA資格を自らの業務に活かす意欲がある者。
- 応募方法：各部長が、部内の希望者の中から適任者を企画部に推薦する方式にする。推薦対象が複数いる場合、優先順位をつけていただく。
- 支援内容：原則として、支援者は毎年各部1名、全体で4名とする。ただし、応募者不在の部があれば、同一部から2名以上を選ぶこともある。支援対象者には、プレ試験合格後に資格取得費用30万円を支給する。不合格の場合は、受験費用は自己負担で支援はなしとする。
- 具体的な応募スケジュール：
　○月×日（△）　　　　　各所属に募集要項を通達

表題の繰り返しタイプ

　図4-3の文例は、社内への提案書だ。この事業部には、ソリューション・アドバイザー（SA）なる資格（注：架空のもの）の取得支援制度がある。この文例は、その制度の担当者が、部の方針決定の会議である企画ミーティングのメンバーに提出するものだ。「検討のまとめ」以降の本論の中身は、しっかりした検討から導かれたもののようだが、その前の冒頭部分が問題だ。

　冒頭に「標記の件、検討結果を以下、ご提案致します」とある。「標記の件」とは、「ソリューション・アドバイザー資格取得支援制度の見直し」のことだろう。このくらい手間を惜しまずに書いてほしいものである。だが、それは大目に見るとして、書き手は企画ミーティングメンバーから、どのような反応を引き出したいのだろう。この、読み手がまず知りたいであろう点が図4-3の文例では皆目わからない。

　また、相手によっては、表題と出だしの1行を見て、「そもそも、なぜこの制度の見直しが必要なのか？」と唐突に思う可能性がある。書き手には自明でも、読み手は説明されてはじめてわかる、という温度差があるものだ。

図4-4　表題の繰り返しタイプの導入部の改善例

社内への提案書

To：ソリューション事業企画部
　　　企画ミーティングメンバー各位
From：平成太郎

ソリューション・アドバイザー資格取得支援制度の見直しの提案

> ソリューション・アドバイザー（以下、SA）資格取得支援制度は、資格取得者が資格を業務に活かしていないなど、事業部内から制度見直しの必要が指摘されています。現状を確認し、当資格取得支援の是非も検討したうえで、現行制度の改善案をまとめましたので、ご提案します。
> 　来週の定例企画ミーティングで、本案にご意見をいただきたく、お願い致します。
> 　各位のご意見を踏まえて当部としての最終案を固め、来月の部門全体会議に付議し、承認を得たいと考えます。

〔導入部〕

検討のまとめ

　SA資格の取得支援は、主要顧客層で同資格を重視する傾向が高まっていることから、今後とも継続すべきである。ただし、現行制度は支援の費用対効果に改善余地が大きい。今後は、各部から業務で資格を活用できる適任者を推薦いただき、プレ試験合格者にのみ、資格取得費用を支給する。

1. SA資格取得支援制度の状況
   現行制度は、プロジェクト従事者の利用率や、資格取得条件であるプレ試験合格率が低い。費用対効果に改善余地が大きく、制度見直しが必要である。
   - SAは、業務改革を支えるITソリューションの提案力強化をねらいに、ABC協会が4年前に始めた資格制度。毎年12月のプレ試験合格が資格取得条件で、合格者は翌春3カ月の実地研修修了後に資格を取得できる。
   - 当社のSA資格取得支援制度は全社員を対象に資格発足時に開始した。希望者個人が応募し、企画部が面接を行って年間4名を選考し、各人に30万円（プレ試験受験・実地研修参加費）を支給している。
   - 当制度の実績は、支援者は計12名、うち資格獲得者は6名で、半数はプレ試験不合格に終わっている。また、取得者中、プロジェクト業務に直接資格を活かしているのは3名にすぎない（添付資料1）。

2. SA資格取得支援の是非
   SA資格は、競争上の重要度を高めている。成果実現に必要なアセットの整備は積極的に支援するという人材育成の方針に照らし、当資格取得の支援自体は今後も継続するべきものと考える。
   - SA資格の現状を見ると、当社の主要客の中小企業では特に、案件担当者の当資格保持を発注条件に含めるところも出ており、競合各社も取得を奨励している。この中、当社では、今期に入り、資格保有者を当該案件に配置できずに競合入札に参加不可といった事態も起きた。
   - 当社は、人材育成の方針として、成果実現に必要な有形無形のアセットは積極的にその確保を支援することを堅持している。
   - 人材育成の方針に照らすと、競争上、重要になっているSA資格は、社として取得を支援すべき

ものと考える。資格のみならず、実地研修自体、IT 提案に不可欠な経営・業務運営上の知識を体系的に習得するうえで、支援にふさわしい充実した内容である（添付資料 2）。

3. 制度改善の方針
　　今後は、現行の制度を、支援が資格確保に着実に結びつくこと、資格が業務に有効活用されることの 2 点を柱に改善する。
　● 社としての支援が SA 資格取得に確実に結びつくよう、資格取得費用は、実質的にプレ試験合格者にのみ支給する。
　● 取得した SA 資格が業務で有効活用されるよう、支援対象者は、顧客のプロジェクトをリードする立場の者とし、所属部から適任者を推薦していただく。
　● 支援者の数と支援額は、支援成果が顕在化していない現時点で拡大することはせず、現行の年間 4 人、1 人 30 万円の支給を継続する。

　図 4-3 の文例は、導入部「もどき」はあるのだが、内容が表題の繰り返しにとどまり、期待する反応の欠落をはじめ、読み手の道しるべとしては機能していない。この手の表題の繰り返し導入部も多いものだ。

　では、図 4-4 の改善例を見てみよう。冒頭に、「ソリューション・アドバイザー（以下、SA）資格取得支援制度は、資格取得者が資格を業務に活かしていないなど、事業部内から制度見直しの必要が指摘されています」とある。この説明があれば、なぜ今、この提案がなされるのか、読み手もわかるだろう。

　また、「来週の定例企画ミーティングで、本案にご意見をいただきたく、お願い致します。各位のご意見を踏まえて当部としての最終案を固め、来月の部門全体会議に付議し、承認を得たいと考えます」とある。この説明によって、読み手は、最終案を作るためにフィードバックする、という目的意識を持って読み進むことができるだろう。

　ちなみに改善例では、導入部のみならず、本論にも改善を加えてある。1 〜 4 までの見出しのすぐ下に、その下のいくつかの記述の So What? を記している。これによって、ありがちな例に比べて、本論の So What? も読み取りやすくなっているだろう。

図4-5 避けたいありがちな導入部の例3——ご挨拶に終始タイプ

顧客への提案書

> ご挨拶
>
> 　謹啓　時下、御社にはますますご清栄のこととお慶び申し上げます。
> 　このたびは、平成18年度優秀販売代理店表彰会の企画ご提案の機会を賜り、厚く御礼申し上げます。
>
> 　ここに、弊社企画案をご提案申し上げます。御社のご意向に添えますよう、誠心誠意お手伝い致します。
> 　ご下命賜りますよう、ご検討のほど、何卒宜しくお願い申し上げます。
>
> 敬具
>
> 株式会社ABCコンファレンスサービス
> 東都支店長　　遠藤　一

ご挨拶に終始タイプ

　図4-5の文例は、ABCコンファレンスサービス社が顧客企業に提出する提案書の冒頭に「ご挨拶」と題して記されたものだ。これも一見、導入部らしく見える。読者の身の回りの文書にもこのような導入部がないだろうか。はたしてこの内容が提案を読む顧客の有効な道しるべになるかを考えたい。

　顧客はABCコンファレンスサービス社に対して重要案件の提案を求めている。この場合、顧客は同社が今回の優秀販売代理店表彰会の位置づけを正しく認識して、企画を立案したことを確認したくはないだろうか。

　また、顧客は競合他社にも企画提案を依頼しているはずだ。「誠心誠意お手伝いを致します。ご下命賜りますよう……」という気持ちは重々わかる。しかし、これ以上に訴求すべきことはないのだろうか。

　この内容は、一般的な、文字どおりのご挨拶に終始してしまっている。うがった見方をする顧客なら、「こりゃ、別の客先への提案書から1ページコピーして、固有名詞だけ変えたんだろうなぁ……」などと思いかねない。「この提案」を読み手が読むうえでの道しるべにはなっていない。

図4-6　ご挨拶に終始タイプの導入部の改善例

顧客への提案書

> ご挨拶
>
> 　謹啓　時下、御社にはますますご清栄のこととお慶び申し上げます。
> 　このたびは、優秀販売代理店表彰会の企画ご提案の機会をいただき、誠にありがとうございます。
>
> 　御社では、平成18年度の重点課題の1つに代理店育成を掲げ、今回より優秀代理店表彰会を感謝表明の場のみならず、一層の業績向上を意識づける場として刷新されると承っております。この点を十分に踏まえ、「新たな挑戦へのスタートにふさわしい場の演出」と「事務局のご負担の最小化」を主眼にした企画案をご提案申し上げます。
> 　本案を出発点として、御社のニーズにより合致する内容へと詳細を詰めさせていただければ幸いに存じます。ご要望を忌憚なくお聞かせくださいますよう、お願い申し上げます。
>
> 　弊社は、インセンティブツアーや会議の企画・運営サービスに特化し、当分野の草分けとして、多くのお客様をサポートして参りました。その豊富な経験とノウハウを結集し、誠心誠意お手伝い致します。
>
> 　ご下命賜りますよう、ご検討を宜しくお願い申し上げます。
>
> 　　　　　　　　　　　　　　　　　　　　　　　　　　　　　　　　　　　　敬具
>
> 　　　　　　　　　　　　　　　　　　　　　　　　株式会社ABCコンファレンスサービス
> 　　　　　　　　　　　　　　　　　　　　　　　　東都支店長　　遠藤　一

　では、図4-6の改善例を見てみよう。ここには、5つの要素が加えてある。1つは、ABCコンファレンスサービス社がどのような認識に立ってこの企画案を作ったのか。2つ目は、この提案内容は何を主眼に企画したのか。3つ目は、この内容を土台にして顧客のニーズに前広に応えていく、という点。4つ目は、忌憚なく要望を聞かせてほしい、という点。5つ目は、当社はこの提案領域に特化する草分け的存在だ、という提案者としての強みだ。

　こうした中身を盛り込めば、顧客は「ABC社は、正しい認識のもとに提案しているようだし、気が利いていそうだ」という印象を持てるのではないだろうか。単なる挨拶ではなく、提案内容や今後の対応について、顧客に安心感や納得感、さらに期待感を持ってもらえる実のある導入部になる。

　あるべき導入部のイメージを描くことができただろうか。

2．導入部とは何かを理解する

「何について、何のために、誰が、誰に向けて書くのか」というコミュニケーションの設定を説明するのが導入部だ。したがって、コミュニケーションの設定を形成する4つの要素、テーマ、期待する反応、読み手、書き手がそれぞれ何（誰、もしくはどういう組織）かを示すこと。これは大前提だ。しかし、すでにお気づきだろう。前掲の3つの導入部の改善例には、4要素以外の内容も盛り込まれており、それが読み手の納得感を一層高めている。

私たちはさまざまなコミュニケーションの設定のもとでビジネス文書を書く。込み入った、複雑な設定のもとでも、導入部として必要な中身を正確に、漏れなく、速やかに洗い出すアプローチを持ちたいものだ。そして仕事の中で活用するのだから、そのアプローチは、できる限りシンプルであること。また、報告書、提案書、連絡文、依頼文などさまざまなタイプの文書に適用できる、汎用性の高いものが望ましい。

このロジカル・ライティングのアプローチで、導入部の中身を洗い出すために用いる道具立てはただ1つ。すでに読者の目にも馴染んだであろう、コミュニケーションの仕組みだ。この仕組みを構成する個々の要素について、2つの観点から考察をして、導入部の中身を洗い出していく（図4-7）。

第1の観点は当然のことながら、コミュニケーションの設定の共有だ。土台となるテーマ、期待する反応が何で、必要ならば、読み手や書き手が誰かを読み手に説明する。これらは第1章「組み立ての準備」をきちんと行っていれば、「導入部の骨子」としてすでに確認済みで、下書きができているはずだ。

第2の観点は、コミュニケーション全体を読み手の視点から棚卸しすることだ。先ほどの4要素に、答え、つまり本論も加えた、コミュニケーションの要素すべてを視野に入れる。そして、これらを読み手の視点から眺

図4-7　導入部の要素を洗い出すための2つの観点

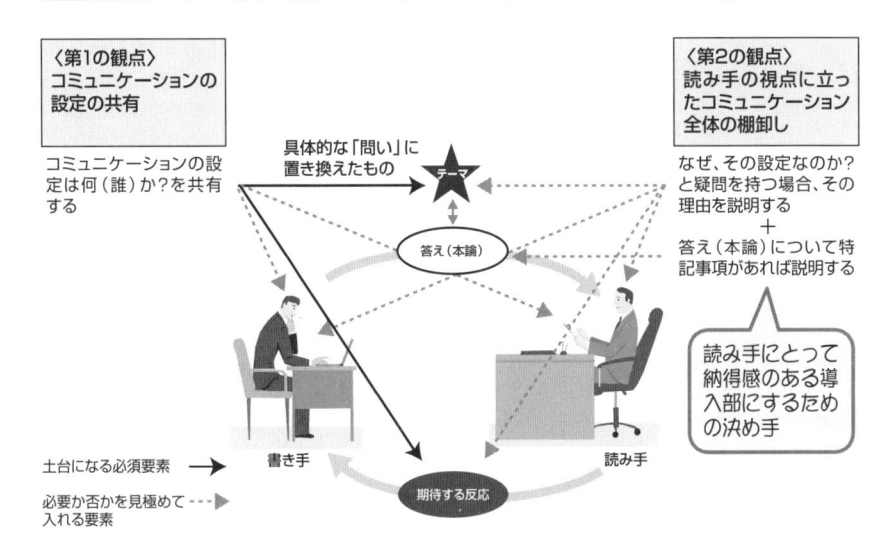

〈第1の観点〉
コミュニケーションの設定の共有

コミュニケーションの設定は何(誰)か？を共有する

具体的な「問い」に置き換えたもの
テーマ
答え(本論)

〈第2の観点〉
読み手の視点に立ったコミュニケーション全体の棚卸し

なぜ、その設定なのか？と疑問を持つ場合、その理由を説明する
＋
答え(本論)について特記事項があれば説明する

読み手にとって納得感のある導入部にするための決め手

書き手　　読み手
期待する反応

→ 土台になる必須要素
--- 必要か否かを見極めて入れる要素

　め、読み手にすでに組み立てた答え（本論）を正しく理解し、期待する反応を返してもらうために必要な説明を洗い出していく。

　ここでの鍵は、読み手の視点に立つことだ。「コミュニケーションの設定はかくかくしかじか……」と説明しても、読み手が「そもそも、なぜ、そう設定したのか？」と考える可能性がある。その可能性の有無をチェックし、あれば疑問への説明を用意する。また、答え（本論）についても、それを読み手が読むのに先立って伝えておくべき特記事項があれば説明する。

　コミュニケーションの設定を読み手に納得してもらうのが導入部なのだから、設定の要素を共有する第1の観点は当然のことだ。納得感のある導入部を作るうえでより重要な、書き手の腕の見せ所は、第2の、コミュニケーションを読み手の視点から棚卸しすることだ。読み手のWhy So? に答えるように本論を組み立てたように（第3章）、導入部でも読み手の疑問に答えること――。これが、読み手にわかってもらえる文書を作るには重要だ。

では、第1の観点、第2の観点の順に、導入部に必要な中身をどう洗い出し、どう説明していくのかを、前掲の導入部の文例（図4-1〜図4-6）にも照らしつつ見ていこう。

第1の観点——コミュニケーションの設定の共有

　読み手に、コミュニケーションの設定を構成する4要素である、テーマ、期待する反応、書き手、読み手を理解してもらう。各要素の確認の方法は第1章「組み立ての準備」で取り上げたのでそちらをご参照いただきたい。ここでは、図4-8に沿って各要素を導入部で説明する際の留意点を見ていこう。

　まず、導入部の土台であり、すべての導入部に必須の、テーマと期待する反応からだ。

テーマ

　何かを提案する、依頼するなど、伝え手が自分でテーマを掲げて書く場合、読み手は目の前の文書が「何について」書かれたものかを、導入部を読んではじめて理解すると考えておこう。前掲の販売代理店への依頼文（図4-1）では、書き手が掲げたテーマが文中深くに埋まり、かつ、テーマを示す表題すらなかった。図4-2の改善例のようにテーマの明示が必須だ。

　一方、上司や顧客から、「○○について報告してほしい」「××について提案してほしい」「△△に回答してほしい」など、指示や要請を受けて書く場合もある。前掲のABCコンファレンスサービス社の提案書（図4-5、図4-6）が該当する。このとき、文書のお題を出したのは相手なので、相手は当然テーマを理解している。書き手としてはそれゆえに、文書の冒頭部分で、もらったお題に答えを用意したことを示し、読み手に安心感と納得感を持ってもらうことが大事ではないだろうか。テーマを読み手が設定した場合にも、導入部でテーマを共有し、確認しよう。

図4-8　導入部の要素を洗い出すための第1の観点

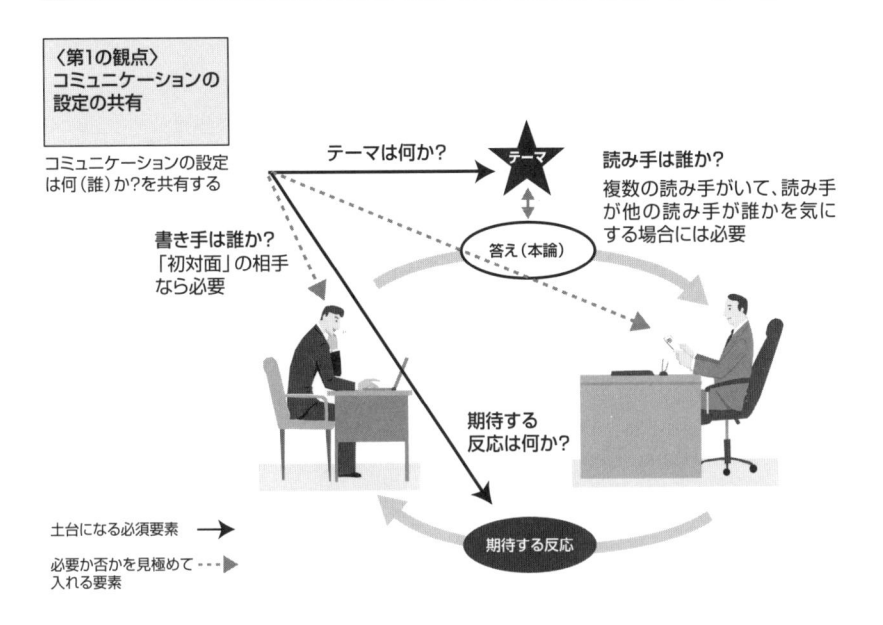

〈第1の観点〉
コミュニケーションの設定の共有

コミュニケーションの設定は何(誰)か?を共有する

テーマは何か?
★ テーマ
答え(本論)

読み手は誰か?
複数の読み手がいて、読み手が他の読み手が誰かを気にする場合には必要

書き手は誰か?
「初対面」の相手なら必要

期待する反応は何か?

期待する反応

土台になる必須要素 →
必要か否かを見極めて入れる要素 --->

　テーマの説明の方法だが、例えば、上記のABCコンファレンスサービス社の提案書の改善例（図4-6）では、「優秀販売代理店表彰会の企画ご提案の機会をいただき」とテーマを確認している。このケースは、この説明で十分だろうが、例えば、こちらから提案する場合など、もっと具体的にテーマを読み手とすり合わせたいこともある。その場合どうするか。

　「組み立ての準備」（第1章）を済ませてあれば、テーマはすでに答えるべき「問い」に置き換えられているはずだ。この「問い」のレベルで説明しよう。社内への提案書の改善例（図4-4）がその例に該当する。「(制度の)現状を確認し、当資格取得支援の是非も検討したうえで、現行制度の改善案をまとめましたので、ご提案します」の下線部が、「問い」を示唆してテーマを説明している。

期待する反応

　期待する反応を引き出すことが、文書作成の目的だ。したがって、期待する反応の明示は、書き手と読み手の仕事を前進させるために不可欠だ。

　社内への提案書のありがちな例（図4-3）のように、「××をご提案します」とだけ書いたのでは、読み手にとっては、「ご提案するので、ご意見ください」ということなのか、「ご提案するので、ご承認ください」ということなのか、はっきりしない。真面目な相手なら、「書き手に確認しなくては。これでまたやることが1つ増える！」などと思うだろう。なかには、明記されていないのをよいことに、反応を催促されるまで音なしの構えを決め込む読み手もいるだろう。

　期待する反応の説明は、その反応を着実に引き出すために、できるだけ具体的にする。社内への提案書の改善例（図4-4）では、「来週の定例企画ミーティングで、本案にご意見をいただきたく、お願い致します」とある。また、ABCコンファレンスサービス社の提案書の改善例（図4-6）では、「ご要望を忌憚なくお聞かせくださいますよう、お願い申し上げます」とある。読み手は、自分に何が求められているか、はっきり理解できるだろう。

　「読み手」「書き手」がそれぞれ誰（どのような組織）かについては、導入部で説明が必要な場合と不要な場合がある。必要な場合とはどんなケースだろうか。

読み手

　複数の人に同一の文書を出す場合がある。個々の読み手が「他の読み手は誰なのか。どんな立場の人にこの文書を配布しているのか」と疑問を持つ可能性があるならば、読み手がどういう人たちかを説明する必要があるだろう。

書き手

　ここでいう書き手とは、文書の発信者だ。発信者はビジネスの場合、個人のことも組織のこともあるだろう。いずれにせよ、これまで何の接点もない、「初対面」の相手に文書を出す場合、書き手の「自己紹介」が必要だ。

　「自己紹介」の一例が、ABCコンファレンスサービス社の提案書の改善例（図4-6）にある。「弊社は、インセンティブツアーや会議の企画・運営サービスに特化し、当分野の草分けとして、多くのお客様をサポートして参りました」という部分だ。優れた提案内容に見えても、提案する組織や人が何者か不明では心もとない、というのが一般的な顧客の心理ではないだろうか。「この道でABCコンファレンスサービスといえば知らぬ人はいない。社名を名乗れば十分だ」などと思うのは当事者だけで、相手にしてみれば自己紹介が欲しい、ということが案外多いのではないだろうか。

第2の観点──読み手の視点に立ったコミュニケーションの棚卸し

　コミュニケーションの設定が何かをしっかりと説明しても、さらに説明が必要なこともある。まず、読み手が設定の4要素に対して、

　　なぜ、「このテーマ」を設けたのか？
　　なぜ、「この反応」をとらねばならないのか？
　　なぜ、「この書き手」なのか？
　　なぜ、「この読み手」なのか？

と疑問を持つケースだ。このような場合、読み手はコミュニケーションの設定自体に何がしかの抵抗感を持っていることが多い。読み手になったつもりで、順々に上記の疑問を読み手が持つかどうかをチェックし、疑問を持つ可能性があれば、説明を用意しよう。

　書いて伝えるコミュニケーションでは、読み手はその場で書き手に問い質すことができない。「疑問を持つ余地なし！」と確信できなければ、手間を惜しまず過不足なく説明しよう。

第4章　導入部の組み立て

図4-9　導入部の要素を洗い出すための第2の観点

〈第2の観点〉
読み手の視点に立ったコミュニケーション全体の棚卸し

視点1：なぜ、「このテーマ」を設けたのか？
テーマ設定の背景を説明

視点3：なぜ、「この書き手」なのか？
当該の情報発信者から伝えることの理由を説明

視点5：答えについてあらかじめ把握しておくべきことはないか？
答えの位置づけ・情報源・訴求点を説明

視点4：なぜ、「この読み手」なのか？
読み手に読んでもらいたい理由を説明

視点2：なぜ、「この反応」をとらねばならないのか？
読み手にとって反応をとることのメリットや、とらないことのリスクを説明

なぜ、この設定なのか？と疑問を持つ場合、理由を説明
＋
答え（本論）について特記事項があれば説明する

必要か否かを見極めて入れる要素

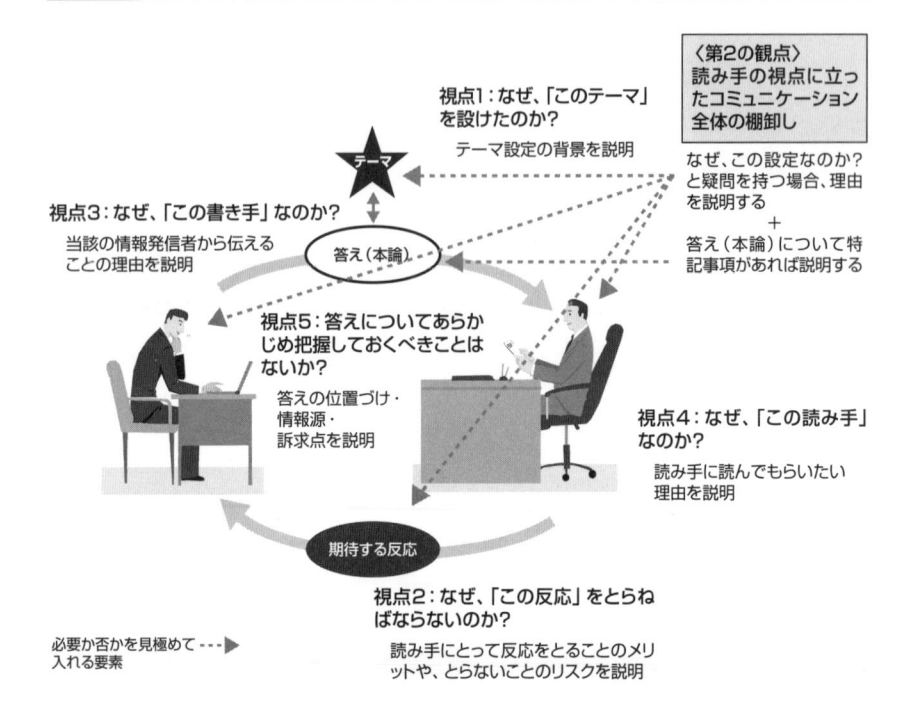

　さらに、答え、つまり本論についても、読み手の立場から俯瞰してみる。答え自体は、ロジカル・シンキングの手法を使ってWhy So? の検証を十分にかけて論理的に組み立ててあるはずだ。ここで洗い出したいのは、読み手がその答えを読む前に、あらかじめ把握しておくと正しく、スムーズに答えを理解できる事柄だ。そこで、

答えについてあらかじめ把握しておくべきことはないか？

とチェックし、必要な説明、いわば、答えに関する特記事項を用意する。

　導入部の中身洗い出しの第2の観点をまとめたものが図4-9だ。コミュニケーション全体を5つの読み手の視点から棚卸しし、必要な説明項目を見極める。このとき、読み手になったつもりで眺めてみることがポイントだ。

読み手の中に「隠れた読み手」がいるなら、その視点からもチェックしよう。「隠れた読み手」とは第1章「組み立ての準備」で述べたように、直接の読み手の背後にいて、期待する反応を引き出すうえで重要な立場にある第2、第3の読み手のことだ。
　では、読み手の視点に立った棚卸しの進め方を見ていこう。

視点1：なぜ、「このテーマ」を設けたのか？

　書き手自身がテーマを掲げて提案書を書くとしよう。提案を受ける側は、提案を受けることに何の必然性も感じていないことが多い。このとき、「××の改善をご提案します」とテーマだけを示しても、「そもそも、なぜ××について提案されるのか？　大きなお世話！」などと思われる可能性がある。テーマとともに、なぜそのテーマを掲げたのか、というテーマ設定の背景を共有しよう。これは書き手の問題意識といってもよい。
　先に挙げた導入部の文例を振り返ってみよう。代理店への依頼文と社内への提案書が、書き手がテーマを掲げたケースだ。
　まず、代理店への依頼文の改善例（図4-2）には、

「ご高承のとおり、<u>市場では製品、サービスの品質向上へのニーズがますます高まっております。私どもアルファ社では、市場の求めにより一層応え、お客様から選ばれる存在であり続けられるよう</u>、このほど、製品、サービスの品質向上の全社的取り組み『V21プロジェクト』をスタート致しました。
　<u>販売・アフターサービス</u>という重要な機能を担っていただく代理店各社にも、<u>市場でともに勝ち抜くために</u>、V21プロジェクトにご協力賜りたく、お願い申し上げます」

とある。「V21プログラムへの協力をお願いする」というテーマに対して、下線部が、なぜプロジェクトを開始し、代理店に協力を要請するのかの背

景説明になっている。下線部がないと、読み手は唐突にV21プロジェクトへの参加を要請されている、と抵抗感を持つだろう。

　社内への提案書のありがちな導入部（図4-3）では、ソリューション・アドバイザー資格取得支援制度の見直しを提案する、というテーマ自体は、表題に示されている。しかし、なぜこのテーマを取り上げるのかについては、導入部で説明がなく、本論を読まなくてはわからない。改善例（図4-4）では、

「事業部内から制度見直しの必要が指摘されています」

と説明している。

　一方、読み手がテーマ設定をしても、テーマ設定の背景を説明すべき場合もある。前掲のABCコンファレンスサービス社の提案書が該当する。優秀代理店表彰会の企画提案を要請したのは顧客だが、改善例（図4-6）では、

「御社では、平成18年度の重点課題の1つに代理店育成を掲げ、今回より優秀代理店表彰会を感謝表明の場のみならず、一層の業績向上を意識づける場として刷新されると承っております」

と、顧客にとってのテーマ設定の背景を確認している。もちろん、顧客はこの点は百も承知だ。しかし、テーマ設定の背景をどう理解するかが企画内容には大きく影響する。相手の問題意識を初めに確認しておくと、読み手に安心感や提案への期待感を与えられるのではないだろうか。

視点2：なぜ、「この反応」をとらねばならないのか？

　ビジネスでは、相手から「うーん、やっかいな依頼だなぁ」とか、「あぁ、面倒なことを言ってきたな」と思われるのを承知のうえで協力を仰いだり、提案したりすることが山のようにある。読み手の側がなぜ、この反応を期

待されているのか？と抵抗感を感じたり、反応をとることに必然性を感じないケースだ。

　この場合、導入部に「この反応をとってもらうことで、××といったメリットがある」、あるいは逆に「反応をとってもらえないと××といったリスクがある」と一言説明して、期待する反応に向けて相手を動機づけたい。

　もちろん、メリットを書けば書くほど、書き手の我田引水ぶりを強調してしまう場合もある。そのようなときには、依頼の背景をきちんと説明し、「お願いします」と襟を正して頼む姿勢を示すことが、読み手に納得感を与えるのではないだろうか。代理店への依頼文の改善例（図4-2）もこのケースに該当するだろう。ここでは、テーマ設定の背景として用意した説明が、代理店がV21プロジェクトに参加することの意義も示唆している。加えて、丁重なトーンから真摯に依頼する姿勢も伝わってくる。

視点3：なぜ、「この書き手」なのか？

　読み手は、情報発信者（個人や組織）がどこの誰か知ってはいるが、それでもなお、「なぜ、この人物が情報発信者なのか？」と疑問を持つケースがある。

　例えば、上司に代わって自分が顧客に連絡するのだが、顧客から見ると、本来、上司が連絡してきてしかるべきではないか、と思うような場合だ。このときには、自己紹介とともに、なぜ今回は上司ではなく、自分が情報の発信者なのか、という理由を一言説明しよう。

視点4：なぜ、「この読み手」なのか？

　文書の受け手が「こんな用件なら、自分にではなく、上司に言ってくれればいいのに。なぜ、自分に……」と思うことがあるものだ。例えば、読者が社内プロジェクトの事務局になり、社内にヒアリングを依頼するメールを書くとしよう。依頼相手の若手社員が上記のような疑問を持つ可能性があるならば、「購買業務を実際に担当している方から現状や今の問題点に

ついて、直接、生の声を聞かせてもらいたい。ついてはぜひ協力をお願いしたい」というように、「あなたに読んでもらいたい理由」を説明する。

　代理店への依頼文の改善例（図4-2）で、「<u>販売・アフターサービスという重要な機能を担っていただく代理店各社にも</u>、市場でともに勝ち抜くために、V21プロジェクトにご協力賜りたく……」とある。この下線部が該当する。

視点5：答え（本論）についてあらかじめ把握しておくべきことはないか？

　最後に、「答え（本論）」を読むのに先立って、読み手が把握していると「答え」を的確に理解し、納得感も高まるであろう、「答え」に関する特記事項があるかどうかを考える。ビジネス文書で書くことの多い特記事項が、前掲の社内への提案書とABCコンファレンスサービス社の提案書の改善例に含まれている。

　まず、**答え（本論）の位置づけ**の説明だ。社内への提案書の改善例（図4-4）に、「各位のご意見を踏まえて当部としての最終案を固め、来月の部門全体会議に付議し、承認を得たいと考えます」とある。

　また、ABCコンファレンスサービス社の提案書の改善例（図4-6）には、「本案を出発点として、御社のニーズにより合致する内容へと詳細を詰めさせていただければ幸いに存じます」とある。これらは、この提案内容は企画ミーティングのメンバーの意見、あるいは顧客の意向を反映させて改訂する、という提案の位置づけを示している。

　こうした「答え」の位置づけは、「答え」を納得してもらうために、導入部であらかじめ共有しておきたいものだ。特に提案書の場合、その提案が初期的な内容のこともあれば、最終的な内容のこともある。先に挙げたABCコンファレンスサービス社の提案書の改善例のような説明を入れると、その位置づけが明確になる。

　また、**答え（本論）の情報源**もある。冒頭に挙げた導入部の例には該当するものはないが、報告書などではその情報源を示すと、報告内容の信頼

度や納得感を高めることがある。

例えば、「この報告内容は、製品Xのヘビーユーザー○○人を対象に行ったヒアリングに基づく」「市場成長率の試算は当該業界団体の最新の公表数字による」といった説明だ。

このほか、上級者向けとして、**答え（本論）の訴求点**を入れることも可能だ。ABCコンファレンスサービス社の提案書の改善例（図4-6）に、「この点を十分に踏まえ、『新たな挑戦へのスタートにふさわしい場の演出』と『事務局のご負担の最小化』を主眼にした企画案をご提案申し上げます」とある。これは、提案内容そのものではないが、その特徴や売りどころを述べたものだ。特にボリュームの多い提案書などでは、このような説明が導入部にあると、本論に期待感を持たせることができる。

ただし、導入部なので、コンパクトで、なおかつ「どうも納得できない」というマイナスの印象を残さない説明であることが大事だ。その意味で、答え（本論）の訴求点は、導入部の要素としては上級者向けといえる。

「読み手の視点に立とう」とはよく言われることだ。だが、具体的に何をすれば読み手の視点に立てるのか？と問われたら、あなたはどう答えるだろうか。

導入部の説明では、コミュニケーションの全体を視界に収め、次の5つの視点から、読み手になったつもりで自問自答して必要な説明要素を棚卸ししてみること。これが、読み手の視点に立つことだ。

視点1：なぜ、「このテーマ」を設けたのか？
視点2：なぜ、「この反応」をとらねばならないのか？
視点3：なぜ、「この書き手」なのか？
視点4：なぜ、「この読み手」なのか？
視点5：答えについてあらかじめ把握しておくべきことはないか？

組み立ての留意点

　洗い出した導入部の要素を組み立てていくとき、留意点は2つある。

　1つは、洗い出した要素をどのような順序で説明するのか、ということだ。導入部はあくまでも本論の前置きなので、ここで、「テーマは……とする。その根拠をMECEに考えると……であるからだ」とか、「期待する反応は……である。その根拠をMECEに考えると……であるからだ」と論理パターンを直接用いて説明をする必要はない。

　肝心の本論の前に読み手を食傷させないように、導入部では洗い出した要素を読み手がコミュニケーションの全体像を把握しやすい流れに配列して語っていけばよい。大原則は導入部の土台である、テーマと期待する反応に関する説明をできる限り前方に置くことだ。すなわち、テーマ、テーマ設定の背景、期待する反応、その反応をとることのメリットを述べる。

　そのうえで、他の要素が必要ならば、テーマ、および期待する反応との親和性を考慮して説明の位置を決める。例えば、当該の読み手に読んでもらいたい理由を説明するならば、期待する反応と一緒にするとスムーズだ。また、答え（本論）の訴求点に言及するならばテーマの説明の後に、答え（本論）の位置づけに言及するならば期待する反応の前に置くと、自然な流れになることが多い。自社の実績など、書き手自らを語る要素はテーマ設定の背景として導入部の前段で説明する場合もあるだろう。一方、テーマ設定の背景とは別に、書き手の自己紹介をするときには、その説明を導入部の後方に回すと、手前味噌にならない。

　導入部の要素を組み立てていく際のもう1つの留意点は、本論の前に読み手を食傷させない長さにする、ということだ。読み手の視点から棚卸しして洗い出した要素のうち、説明にボリュームが必要なものがあれば、調整が必要だ。導入部では手短にまとめて、本論の一項目として、もしくは本論の後の参考情報として取り上げるとよい。

その調整の例を前掲の3つの文例で見てみよう。

まずは、代理店への依頼文の改善例（図4-2）であるが、この文書のテーマは「V21プロジェクトへの参加要請」だ。先述のように、読み手に唐突感を与えないためには、今なぜV21プロジェクトに取り組むのか、というテーマ設定の背景が導入部に必要だ。

だが同時に、この要素はテーマを答えるべき「問い」に置き換えたものの1つでもある。ここではテーマは、①なぜ、V21プロジェクトを行うのか？、②V21プロジェクトとはどのようなものか？、③V21プロジェクトで代理店が果たす役割は何か？、④当面、お願いしたいアクションは何か？、という4つの「問い」に分けることができる。①のもとで、まさにテーマ設定の背景を説明することになる。

そこで、導入部では「市場では製品、サービスの品質向上へのニーズが……お客様から選ばれる存在であり続けられるよう……」という記述にとどめる。そして、本論の第1項目、「製品・サービスの品質向上取り組みの背景」で、「なぜ、V21プロジェクトを行うのか？」を改めて説明している。

社内への提案書の改善例（図4-4）でも、なぜ、ソリューション・アドバイザー（SA）資格取得支援制度の見直しを提案するのか、というテーマ設定の背景を導入部の冒頭1行半で簡単に説明している。そのうえで、本論の第1項目「SA資格取得支援制度の状況」でテーマ設定の背景を詳しく述べている。

さらに、ABCコンファレンスサービス社の提案書の改善例（図4-6）では、導入部で書き手の「自己紹介」をした。豊富な実績をもっとアピールしたいのは山々だが、それを提案内容の前に書き連ねては、かえって眉唾物に見えかねない。そこで、改善例のように導入部では手短な「自己紹介」をする。そのうえで、本論の最後に「弊社の実績」といった章を設けてもよいし、付録の参考資料としてもよいだろう。

3. 導入部を組み立てる——ベータ社のケース

それでは、第3章「本論の組み立て（2）——ロジカル・シンキングの実践」で用いたベータ社のケースを使って、「コミュニケーションの設定の共有」、「読み手の視点に立ったコミュニケーションの棚卸し」を順に進めて、報告書の導入部を作ってみよう。

ベータ社のケースの概要は、人材派遣業への参入を検討しているプロジェクトのメンバーが、プロジェクトのリーダーから指示を受けて、プロジェクトチームのメンバーに報告書を書く、というものだ。ベータ社のケースを第3章の図3-3（51〜52ページ）で確認して、あなたも一緒に考えてみよう。ちなみに、報告書の本論の組み立ては、図3-15（74〜75ページ）である。

第1の観点——コミュニケーションの設定の共有

早速、第1の観点、コミュニケーションの設定の共有についての考察から始めよう。

考えよう！

コミュニケーションの設定の要素とは、テーマ、期待する反応、読み手、書き手の4つだ。これらのうち、このケースで作成する報告書の導入部では、どれを、どう説明したらよいだろうか。

> 解説

　導入部に常に必須の要素はテーマと期待する反応だ。まず、この2つをどう説明するかを考える。

テーマ

　テーマを答えるべき「問い」に置き換えると、「ベータ社では、派遣技術者の能力向上のためにどのような取り組みをしているのか？」だ。これを説明すればよい。

期待する反応

　問題は期待する反応だ。避けたいありがちな導入部の説明の仕方を挙げてみよう。

　避けたいありがちな例
　①ベータ社における技術者の能力向上策の現状についてご報告します。
　②ベータ社における技術者の能力向上策の現状についてご報告致しますので、ご一読をお願いします。

　あなたが考えた期待する反応も、このようなものになっていないだろうか。①は、期待する反応が影も形もない。これはいただけない。②は、一見もっともらしいが、「ご一読」以上の反応を求めるなら、「ご一読」したうえでどうしてほしいのかを明記しよう。

　プロジェクトのリーダーからの指示は、ベータ社が行っている、派遣技術者の能力向上のための取り組みをチームのメンバーに報告すること。その内容に照らして、次回のプロジェクト会議では、当社が学ぶべき点を議論する、というものだ。

　そこで、報告書の読み手であるチーム・メンバーに期待する反応は、

「次回会議では、この内容に照らして当社の学ぶべき点を議論するので、それを前提に読んでおくこと」

となる。このレベルまで具体的に説明しよう。

読み手、書き手がそれぞれ誰かという説明は、プロジェクト・メンバー同士で既知であるので、不要だろう。

第2の観点──読み手の視点に立ったコミュニケーションの棚卸し

今度は、コミュニケーションの設定に、「答え」も加えたコミュニケーション全体を視界に入れよう。そして、これらを、報告書の読み手になったつもりで、
　　視点1：なぜ、「このテーマ」を設けたのか？
　　視点2：なぜ、「この反応」をとらねばならないのか？
　　視点3：なぜ、「この書き手」なのか？
　　視点4：なぜ、「この読み手」なのか？
　　視点5：答えについてあらかじめ把握しておくべきことはないか？
という、5つの視点で眺めて必要な説明を洗い出す。

考えよう！

報告書の読み手の視点から棚卸しをすると、いくつのどのような説明内容を洗い出すことができるだろうか。報告書の読み手には、プロジェクト・リーダーだけでなく、他のプロジェクト・メンバーも含まれる。彼らの視点に立つ必要がある。

> 解　説

　このケースでは、前掲の視点1、2、5から、必要な説明を洗い出すことができる。

テーマ設定の背景

　この報告のテーマを設定したのは、報告を指示したプロジェクト・リーダーだ。リーダー以外のメンバーのために、**テーマ設定の背景**を説明しよう。「ベータ社の高業績の背景に派遣人材の能力向上への取り組みがあるとの定評があり、当社も参考にできる点があると考える」という説明がまず要るだろう。

　また、「そもそも、なぜ、ベータ社を取り上げるのか」と思う読み手はいないだろうか。ベータ社の業績概要などもデータを入手して示せば理解の助けになる。これらすべてを導入部に書き込むと長くなるので、参考情報として入れてはどうだろうか。

反応をとることのメリット

　なぜ、ベータ社の事例が参考になるのか、と読み手が疑問を持つ可能性もある。**反応をとることのメリット**も示したい。このケースでは先に洗い出したテーマ設定の背景の内容を説明すれば、これが同時にベータ社の事例を読むことの意義を読み手に示唆してくれるだろう。

答えについての特記事項

　プロジェクト・メンバーからは、「この報告の情報源は何なのか？」といった声が上がる可能性もある。そこで、「この報告の内容は、△△証券のアナリスト佐藤氏からの直接情報がもとになっている」と**答えの情報源**についての特記事項も加えておこう。

　書き手については、プロジェクトの事務局担当者がプロジェクト会議の

図4-10　組み立てた導入部の例（ベータ社のケース）

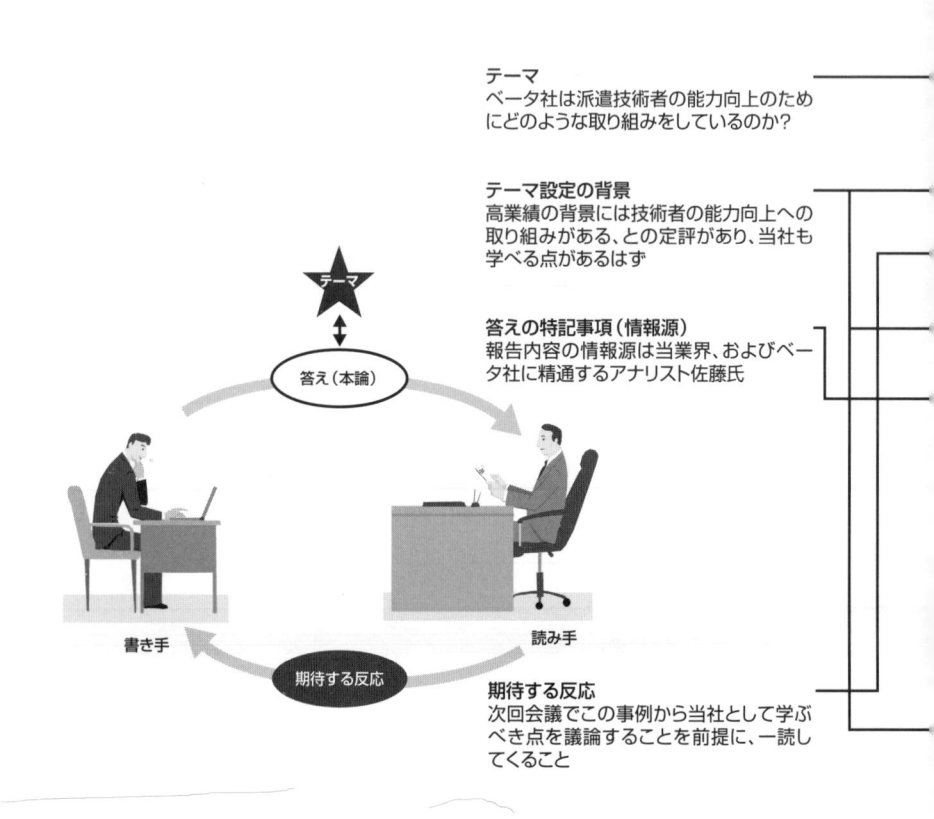

テーマ
ベータ社は派遣技術者の能力向上のためにどのような取り組みをしているのか？

テーマ設定の背景
高業績の背景には技術者の能力向上への取り組みがある、との定評があり、当社も学べる点があるはず

答えの特記事項（情報源）
報告内容の情報源は当業界、およびベータ社に精通するアナリスト佐藤氏

期待する反応
次回会議でこの事例から当社として学ぶべき点を議論することを前提に、一読してくること

（図中：テーマ／答え（本論）／期待する反応／書き手／読み手）

　議論の材料を用意することに疑問を持つメンバーはいないだろう。また、プロジェクト・メンバー自身も、テーマや期待する反応を説明してもらえば、なぜ、「私が読み手」なのか？という疑問は持たないだろう。したがって、報告者自身が書き手である理由や、読み手に読んでもらう理由を説明する必要はこのケースではない。

　こうして洗い出した導入部を図示したものを図4-10に示した。この内容

〈導入部〉

> 派遣技術者業界で近年躍進著しいベータ社の技術者の能力向上策の現状について調査結果をご報告します

> ベータ社の派遣分野は当社とは異なりますが、高業績の背景には派遣人材の能力向上への取り組みがあるとの定評があり、当社も参考にできる点があると考えます

> 来週のプロジェクト会議では本報告内容を念頭に、当社として学ぶべき点を議論しますので、事前にご一読下さい

> なお、ベータ社の業績データは最後に付記したのでご参照下さい

> また、本報告は、人材派遣業分野に詳しい△△証券のアナリスト佐藤氏へのヒアリングに基づくものです

〈本論〉

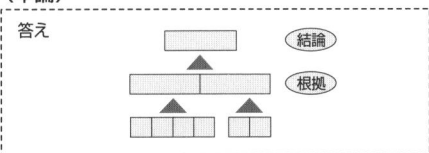

答え　　　　　結論
　　　　　　　根拠

〈参考情報〉

> ベータ社は売上の7割を占める派遣事業を中心に成長を続け、市場首位のガンマ社とのシェア格差を縮めつつある
>   ・ベータ社の売上、経常利益は……
>   ・ベータ社の市場地位は……
>   ・ベータ社の主要顧客は……

の導入部があれば、報告の本論を読む読み手にとって道しるべになるだろう。

　　　　　　＊　　＊　　＊

文書は本論だけでなく、導入部まで作って完結する。文書作成では、こ

の点を心して時間配分したいものだ。時間切れで、導入部は表題の繰り返しやご挨拶でお茶を濁す、あるいは本論の中に埋没してしまったり、影も形もなし……。このような状態に陥らないようにしよう。

　導入部の中身は大きく2つある。テーマ、読み手に期待する反応、読み手、書き手というコミュニケーションの設定は何か。そして、なぜそのような設定なのかという理由や、本論に先立って説明しておくべき本論に関する特記事項だ。前者のコミュニケーションの設定の説明は、設定の各要素をしっかり確認さえすれば難しくはない。

　問題は、後者の説明内容を過不足なく洗い出すことだ。そのためのチェックリストが、ここでご紹介した「読み手の視点からのコミュニケーションの棚卸し」だ。これは、私自身がエディティングの中で体系化してきたものだ。いかに複雑なコンサルティングの状況設定でも、5つの読み手の視点をチェックすることで導入部で語るべき事柄をあぶり出せる。あなたも導入部組み立ての道具として「読み手の視点からのコミュニケーションの棚卸し」を大いに活用していただければと思う。

第2部

メッセージの表現

第2部では、組み立てた導入部、本論の中身を表現という観点からわかりやすく練り上げるためのアプローチを取り上げる。ビジネス文書の表現のポイントは2つある。

　1つは、読み手が文書をパッと見て、「このような事柄がこんな順番で書いてあるのだな」と読み取りやすい紙面を作ることだ。太字にする、下線を引く、枠で囲む……。確かにこれらは効果的に使えば有効だが、闇雲に使えば紙面が煩雑になってかえって読みにくい。より大事なことは、MECE（重なり、漏れ、ずれがない）やSo What?/Why So?（要するにどういうことなのか／なぜ、これが言えるのか？）というロジカル・シンキングの考え方を文書上に浮かび上がらせる工夫を施すことだ。これは読み手にとってのわかりやすさ、読みやすさを大きくアップする。この点は第5章で取り上げる。

　もう1つのポイントは、日本語の文章表現だ。この点についてあなたは日頃、何を重視しているだろう。ビジネス文書のエディティングを通して痛感するのは、短く書かねば、という呪縛にとらわれ、曖昧で抽象的な表現オンパレードの書き手が多いことだ。ビジネスの場面で忙しい読み手に、伝えたい内容を速やかに、正確に読み取ってもらうためには日本語表現上、何に気をつければよいのだろう。ビジネス文書に的を絞り、日本語表現の要件とそのチェックポイントを第6章で紹介したい。

第5章
組み立ての視覚化

　読み手が文書をパッと見たときに、文書の組み立ての全貌をつかめるように表すこと——。それが組み立ての視覚化だ。視覚化とは、ただ単に目立つ紙面を作ることではない。ねらいはあくまでも、論理的な組み立てを紙面に浮かび上がらせ、「この文書には、こんな中身がこんな順番で書いてあるのだな」と読み手に理解してもらうことにある。

　組み立てを視覚化するように文書を整えることは、表現の面から、わかりやすく論理的になるように、組み立てを見直すことでもある。そのポイントを習得しよう。

1.「見てわかる」文書を作る

　第1部の第3章と第4章で組み立てた、ベータ社のケースの報告書の本論と導入部の内容（74～75ページ・図3-15と122～123ページ・図4-10）をA4判縦位置、横書きの文書の形に表すとどうなるだろうか。

　まずは、次ページの図5-1を見ていただきたい。見た瞬間に「読むのにガッツがいるなぁ……」と、読む気力が萎えそうな紙面ではないだろうか。確かに、この文書は報告内容はしっかり組み立ててある。しかし、ビジネス文書では、「こんな中身がこんな順番で書いてあるのだな」ということを、じっくり読んではじめてわかるのではなく、「見てわかる」ように示すこと。その結果、読み手から、早く確実に期待する反応を返してもらうことが重要

図5-1　組み立てを視覚化できていない文書の例（ベータ社のケースの報告書）

2006年○月○日

To：プロジェクト2006メンバー各位
From：事務局　和田太郎

ベータ社における派遣技術者の能力向上策について

　派遣技術者業界で近年躍進著しいベータ社の技術者の能力向上策の現状について調査結果をご報告します。ベータ社の派遣分野は当社とは異なりますが、高業績の背景には派遣人材の能力向上への取り組みがあるとの定評があり、当社も参考にできる点があると考えます。来週のプロジェクト会議では本報告を念頭に、当社として学ぶべき点を議論しますので、事前にご一読下さい。
　なお、本報告は、人材派遣業分野に詳しい、△△証券のアナリスト、佐藤氏へのヒアリングに基づくものです。また、ベータ社の業績データは最後に記したのでご参照下さい。

　ベータ社は、意欲とスキルの両面から技術者の能力向上に取り組んでいる。意欲面では、採用から独立支援に至る人材管理の各段階で周到に各人の意欲を喚起し、スキル面では、高スキル技術者のスキルをOJTとOFF-JTの双方を通して技術者全体に移転させている。

1. 独立志向の人材の採用から、相互啓発による育成、成果を還元する給与、手厚い独立支援まで、人材管理の各段階で技術者の自主性に働きかけて、スキル向上意欲を高めている。
   1-1) 独立志向の強い人材を採用し、高度なスキルを習得すれば、会社が独立を支援することを採用時から訴求して、人をスキル向上へと動機づけている。
   1-2) 仕事上の悩みに先輩が相談相手として助言するメンター制度がある。これが、若手、ベテランの間に成長への相互啓発を生み出し、スキル向上意欲を高めている。
   1-3) 利益貢献に基づく歩合給と、スキル評価に基づく固定給が半々である。成果を目に見える形で還元する給与の仕組みがスキル向上意欲を高めている。
   1-4) プロレベルと認めると業務委託と資金援助で独立を支援し、復職も受け入れる。長期的な独立支援が、プロをめざした高スキル獲得を動機づけている。

2. チーム派遣とベテランのスキルを体系化した研修という、OJTとOFF-JTの双方で、個々の技術者が高スキル技術者のスキルを学ぶ機会を作り出している。
   2-1) 全技術者の得意分野やスキルランクを蓄積したデータベースを活用して、高スキル者に低スキル者を組み合わせたチームを編成し、顧客に派遣している。このため、低スキル者は業務内でスキルを習得できる。
   2-2) トレーニングセンターに高スキルのベテラン技術者をトレーナーとして配置し、彼らが培ってきたスキルを体系化した研修プログラムを開発・提供している。技術者は自由に受講でき、実践的な内容と評価が高い。

　また、ベータ社は、売上、経常利益は、ともに過去5年で倍増しており、2005年の売上高は100億円、経常利益は7億円である。また、市場シェアは○％であり、▽％のシェアを占める首位ガンマ社に次ぎ、その差を年々縮めてきている。さらに、××社、○○社、△△社など、ハイテク大手を顧客に持つ。

以上

図5-2　組み立てを視覚化するための3つのポイント

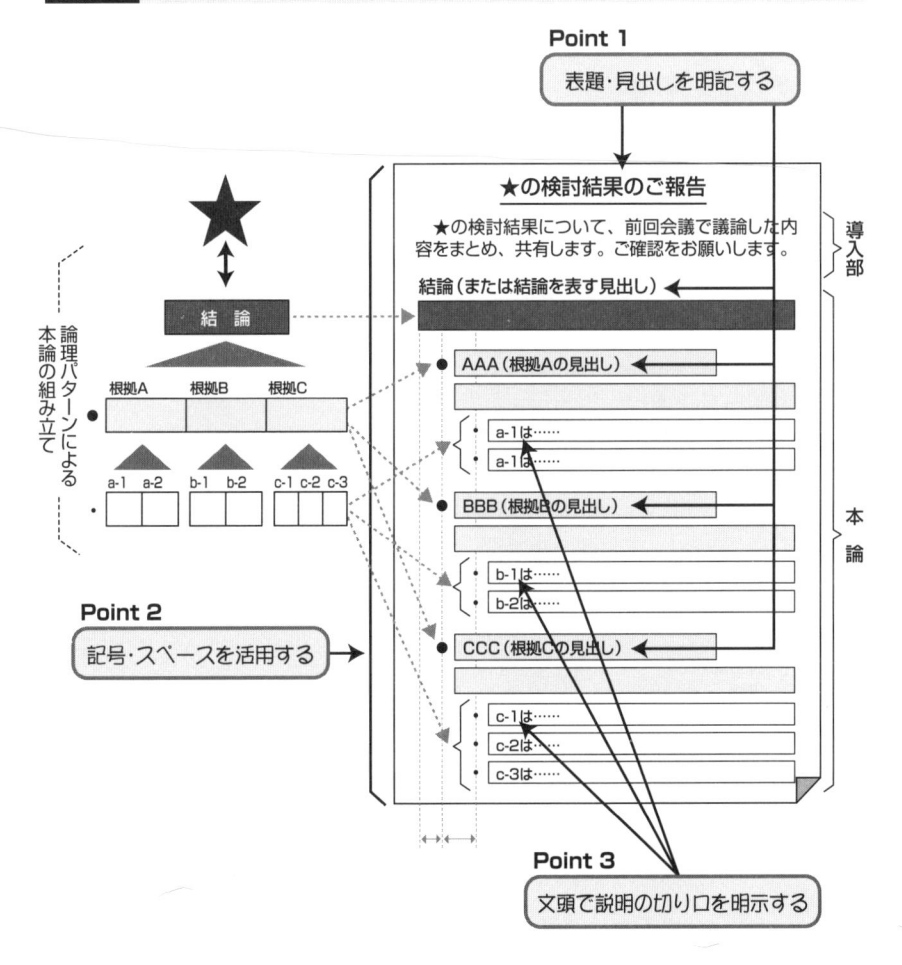

Point 1：表題・見出しを明記する

Point 2：記号・スペースを活用する

Point 3：文頭で説明の切り口を明示する

（左側）論理パターンによる本論の組み立て
- ★
- 結論
- 根拠A／根拠B／根拠C
- a-1, a-2／b-1, b-2／c-1, c-2, c-3

（右側）
- 導入部
  - ★の検討結果のご報告
  - ★の検討結果について、前回会議で議論した内容をまとめ、共有します。ご確認をお願いします。
- 本論
  - 結論（または結論を表す見出し）
  - AAA（根拠Aの見出し）
    - a-1は……
    - a-1は
  - BBB（根拠Bの見出し）
    - b-1は……
    - b-2は
  - CCC（根拠Cの見出し）
    - c-1は……
    - c-2は……
    - c-3は……

　だ。論理パターンの組み立てを「見てわかる」ように紙面上に示したい。その視覚化のポイントを論理パターンの組み立てと対照して図示したものが図5-2だ。ポイントは、「表題・見出しを明記する」「記号・スペースを活用する」「文頭で説明の切り口を明示する」という3つである。

　この3点に則って、図5-1の文例を視覚化してみよう。

図5-3　組み立てを視覚化した文書の例（ベータ社のケースの報告書）

Point 1
表題・見出しを明記する

2006年○月○日

To：プロジェクト2006メンバー各位
From：事務局　和田太郎

ベータ社における派遣技術者の能力向上策の報告

　派遣技術者業界で近年躍進著しいベータ社の技術者の能力向上策の現状について調査結果をご報告します。

　ベータ社の派遣分野は当社とは異なりますが、高業績の背景には派遣人材の能力向上への取り組みがあるとの定評があり、当社も参考にできる点があると考えます。
　来週のプロジェクト会議では本報告を念頭に、当社として学ぶべき点を議論しますので、事前にご一読下さい。

　なお、本報告は、人材派遣業分野に詳しい、△△証券のアナリスト、佐藤氏へのヒアリングに基づくものです。また、ベータ社の業績データは最後に記したのでご参照下さい。

1. 調査結果
　結論
　　ベータ社は、意欲とスキルの両面から技術者の能力向上に取り組んでいる。意欲面では、採用から独立支援に至る人材管理の各段階で周到に各人の意欲を喚起し、スキル面では、高スキル技術者のスキルをOJTとOFF-JT双方を通して技術者全体に移転させている。

　● **意欲向上策**
　　独立志向の人材採用から、相互啓発による育成、成果を還元する給与、手厚い独立支援まで、人材管理の各段階で技術者の自主性に働きかけて、スキル向上意欲を高めている。

　・採用の段階：独立志向の強い人材を採用し、高度なスキルを習得すれば、会社が独立を支援することを採用時から訴求して、人をスキル向上へと動機づけている。

　・育成の段階：仕事上の悩みに先輩が相談相手として助言するメンター制度がある。これが、若手、ベテランの間に成長への相互啓発を生み出し、スキル向上意欲を高めている。

　・評価・報奨の段階：給与は、利益貢献に基づく歩合給と、スキル評価に基づく固定給が半々である。成果を目に見える形で還元する給与の仕組みがスキル向上意欲を高めている。

・独立支援の段階：1コレベルと認めると業務委託と資金援助で独立を支援し、復職も受け入れる。長期的な独立支援が、プロをめざした高スキル獲得を動機づけている。

● スキル向上策

　チーム派遣とベテラン技術者のスキルを体系化した研修という、OJTとOFF-JTの双方で、個々の技術者が、高スキル技術者のスキルを学ぶ機会を作り出している。

・OJT：技術者の得意分野やスキルランクを蓄積したデータベースを活用して、高スキル者に低スキル者を組み合わせたチームを編成し、顧客に派遣している。このため、低スキル者は業務内でスキルを習得できる。

・OFF-JT：エンダセンターに高スキルのベテラン技術者をトレーナーとして配置し、彼らが培ってきたスキルを体系化した研修プログラムを開発・提供している。技術者は自由に受講でき、実践的な内容と評価が高い。

2. 参考情報

　ベータ社は、売上の7割を占める派遣業を中心に成長を続け、市場首位のガンマ社とのシェア格差を縮めつつある。

● ベータ社の売上、経常利益は、ともに過去5年で倍増しており、2005年の売上高は100億円、経常利益は7億円である。
● 市場シェアは○％であり、▽％のシェアを占める首位ガンマ社に次ぎ、その差を年々縮めてきている。
● 主要顧客は、××社、○○社、△△社など、ハイテク大手である。

以上

Point 2 記号・スペースを活用する

Point 3 文頭で説明の切り口を明示する

　図5-3の文例は、パッと見ただけで、報告内容の組み立てを見てとれる。図5-1と中身は同じながら、読む側にとってのわかりやすさ、読みやすさは全く違う。これが、ベータ社のケースの報告書の完成型となる。

　以下、視覚化の3つのポイントを詳しく見ていこう。

2. Point 1：表題・見出しを明記する

　読み手が効率的、効果的に仕事を進めるには、文書を一覧したときに、テーマと期待する反応、さらに文書の組み立ての概要をすぐにつかめることが重要だ。テーマを示し、期待する反応を示唆するものが「表題」、組み立てを示すものが「見出し」である。

表題でテーマと期待する反応を示唆

　ビジネスの道具である文書には、個人的、社交的な色彩を持たせたいビジネスレターを除けば、表題が必要だ。表題は、文書の「テーマ」と「期待する反応」を読み取れるようにつけたいものだ。
　例えば、アルファ社の人事部発の社内通達文の表題に、

　　アルファ・ビジネス・カレッジについて

とあったとしよう。アルファ・ビジネス・カレッジとはアルファ社の社内公募型の研修プログラムである。この表題では、アルファ・ビジネス・カレッジについての、どういう趣旨の通達なのかがわからない。
　ビジネス・カレッジの開講を案内するものなのか。受講申し込み方法の変更を知らせるものなのか。何かの講座の事前課題を受講者に知らせるものなのか。はたまた、社内のエキスパートに講師を依頼するものなのか——。アルファ・ビジネス・カレッジの何について、何のために書いたのかを、読み手に明示する表題をつけよう。例えば、

　　アルファ・ビジネス・カレッジ開講のご案内
　　アルファ・ビジネス・カレッジ申し込み方法変更のお知らせ

アルファ・ビジネス・カレッジ××講座の事前課題のご連絡
　　アルファ・ビジネス・カレッジの講師依頼

という具合だ。

　冒頭に挙げたベータ社の報告書の表題を振り返ってみよう。視覚化できていない文書例（図5-1）の表題は、「ベータ社における派遣技術者の能力向上策について」だが、能力向上策についてどうしようというのかが読み手にわかりにくい。視覚化した文書例（図5-3）の表題「ベータ社における派遣技術者の能力向上策の報告」としたいものだ。

　ビジネスでは、報告する、回答する、依頼する、提案する、相談する、案内する、連絡するというように、いろいろなタイプのコミュニケーションがある。そのコミュニケーションのタイプを表題に組み入れておくと、相手に期待する反応を示唆できる。期待する反応を引き出すことが文書の目的なのだから、それを読み手が一番初めに目にする表題で示唆しよう。

見出しで組み立てを明示

　組み立てを視覚化するうえで、最も重要で効果的なものが「見出し」である。文書の中のどこに結論があるのか、また、その結論に対していくつの、どのような根拠がどこにあるのかを、見出しは読み手に直接的に訴求する。

　視覚化できていない文書例（図5-1）と視覚化した文書例（図5-3）を見出しの観点から比べてみよう。ちなみに報告内容は、第3章で組み立てたように、並列型論理パターンを用いて組み立ててある（図3-15）。

　視覚化できていない文書例（図5-1）は、1、2や、1-1）、1-2）、……、2-1）、2-2）と番号は振ってあるものの、見出しがない。これでは一通り読んでみなければ、1と2の内容の関係、1-1）から1-4）、また、2-1）と2-2）の記述内容の関係がわからず、全体の組み立てをつかめない。文書の作りとして不親切だ。

一方、視覚化した文書例（図5-3）では、導入部の下を、「1. 調査結果」「2. 参考情報」と見出しをつけて大きく2つに区切っている。「1. 調査結果」の内容が、並列型論理パターンで組み立てた報告の本論だ。

　視覚化した文書例（図5-3）では、論理パターン上の結論には「結論」、論理パターンの2段目の2つの要素には「意欲向上策」と「スキル向上策」の見出しがついている。さらに、論理パターンの3段目の要素には、「採用の段階」「育成の段階」「評価・報奨の段階」「独立支援の段階」、そして、「OJT」「OFF-JT」と小見出しがついている。

　これらの見出しや小見出しは、それらしいキーワードをなんとなくつけてあるのではない。説明内容を論理パターンでMECEにグループ分けした際の切り口を示している。このため、一連の見出し（小見出し）を眺めたときに個々の記述の関係性をつかみ、全体の組み立てを理解しやすい。

　図5-3のベータ社の報告書は2ページ程度に収まるので、紙面を見れば一連の見出し（小見出し）を一覧できる。しかし、文書のページ数が多く、文書全体の見出し（小見出し）を一覧できないこともある。その場合、「目次」を忘れずに入れよう。

　組み立てがあやふやであると、どこにどう見出しを立てればよいか大いに難渋し、結局は時間切れで見出しなし、ということになりがちだ。論理的な組み立てが、効果的な見出しをスムーズにつけることの大前提になる。論理的な組み立ての手法は第2章で、組み立ての手順は第3章で取り上げているのでご参照いただきたい。

　先に見たように、視覚化した文書例（図5-3）では、論理パターンの3段目にも小見出しがついている。だが、小見出しの下の記述がもっと短く、例えば1行強ほどしかない場合もある。このとき、3段目にも小見出しをつけると、文書中に見出し・小見出しが氾濫してかえって視覚的に煩雑になる。その場合には小見出しを無理につけず、文頭で説明の切り口を明示するようにしよう（4節参照）。

図5-4 項目型と So What? 型の見出しの比較

項目型の見出しの例
- 意欲向上策
  ・採用の段階
  ・育成の段階
  ・評価・報奨の段階
  ・独立支援の段階

- スキル向上策
  ・OJT
  ・OFF-JT

組み立ての切り口を示す

So What? 型の見出しの例
- 自主性重視の意欲向上策
  ・独立志向の人材の採用
  ・メンター制を活用した育成
  ・成果を個人に還元する評価・報奨
  ・積極的な独立支援

- OJT、OFF-JT 両面でのスキル向上策
  ・チーム派遣による OJT
  ・ベテランのスキルを体系化した OFF-JT

説明内容の So What? を示す

項目型と So What? 型の見出しの使い分け

見出しや小見出しには、①項目型の見出し、②So What? 型の見出し、という2つのタイプがある。まずはこれらがどのようなものかを理解しよう。

項目型の見出し

図5-4の左側は、視覚化した文書例（図5-3）の本論部分の見出し・小見出しを書き出してみたものだ。これらはすべて、並列型の論理パターンの2段目と3段目の、MECE な切り口そのものだ。ここには「意欲向上策として何をしているのか」とか、「採用段階では何をしているのか」といった中身や、書き手の価値評価は含まれていない。個々の見出しのもとで、どのような観点から説明を展開していくか、という組み立ての切り口のみを示している。これが項目型の見出しだ。

So What? 型の見出し

一方、So What? 型の見出しとは、その見出し（小見出し）のもとで展開

する説明内容を So What? したエッセンスを盛り込んだものだ。図5-4の右側が、左側の項目型の見出しを、So What? 型の見出しに変えたものだ。

So What? 型の見出しは、説明内容のエッセンスを訴求できるのが特徴だ。しかし、留意点もある。

1つは、当然のことながら、説明内容を正しく So What? しないと、書き手が意図しない方向に読み手を導いてしまうことになる、という点だ。もう1つは、説明のエッセンスを表す際に、読み手が、各記述間の論理的な関係をつかめるように工夫する、ということだ。例えば、図5-4の「自主性重視の意欲向上策」という見出しの下の4つの小見出しには、組み立ての切り口である「採用」「育成」「評価・報奨」「独立支援」という人材管理のステップが盛り込まれている。

ところが、これを次のような見出しにしたらどうだろう。

- ●自主性重視の意欲向上策
  - ・独立志向の重視
  - ・メンター制
  - ・成果主義
  - ・独立資金提供、業務委託など

確かにこれらは、ベータ社の「自主性重視の意欲向上策」を説明するうえでのキーワードを示してはいる。だが、意欲向上策を人材管理の4段階に分けて説く、という本論の組み立てはすぐにつかめない。

So What? 型の見出しにも、組み立ての切り口を埋め込むように工夫しよう。

使い分けの留意点

並列関係の見出しや小見出しは、項目型か So What? 型かで統一するとよい。並列する見出しの中に、性格の異なる項目型と So What? 型が交ざって

いては違和感があるし、各記述間の関係を把握しにくい。

　項目型の見出しと So What? 型の見出しの使い分けの目安として、全体が短い文書には、項目型を用いたほうがすっきりする。短い文書の中で So What? 型の見出しを使うと、見出しとその下の説明内容に重複が多くなり、冗長になりがちだ。このため、私たちが日常的に書くビジネス文書では項目型の見出しが適することが多い。

　一方、ボリュームのある文書を書く場合には、So What? 型の見出しを前掲の留意点を踏まえて適切につけると、読み手に文書のエッセンスを速やかに把握してもらううえで有効だ。

3．Point 2：記号・スペースを活用する

論理パターン上の位置を記号・スペースで明示

　組み立てを視覚化する際の第2のポイントは、論理パターンの階層ごとに一定の記号とスペースを適用し、個々の記述のどれが同じレベルの重要度のものかを視覚的に表すことだ。

　図5-2と、視覚化した文書例の図5-3を振り返ってみよう。ここでは、記号について、

- 論理パターン上の結論……何の記号も使わずに記す
- 論理パターン上の2段目の要素……「●」(以下、ドットと呼ぶ) を用いて、結論よりも左側にインデント (字下げ) をとって記す
- 論理パターン上の3段目の要素……「・」(以下、ミニドットと呼ぶ) を用いて、2段目の要素よりもさらに左側にインデントをとって記す

というルールを決めている。このルールのもと、論理パターンで組み立て

た結論と複数の根拠を、結論先出しの順番で記している。

　記号は、ここではドットとミニドットの2種類を使っているが、書き手が自由に決めればよい。論理パターンの同じ階層の説明に、同じ記号を用いることによって、視覚的に記述間の具体性や重要度のレベルを読み手に示唆できる。加えて、インデントや上下のスペースを適切にとると、意味上の切れ目をよりはっきり示すことができ、ぐっと読みやすい文書になる。

　組み立てに使った論理パターンが解説型であっても、この記号やスペースの使い方は同じだ。論理パターンの2段目に位置する「事実」「判断基準」「判断内容」の説明がそれぞれドットのもとにくる。また、3段目の説明があればミニドットのもとに記していく。

　ここで、本章の冒頭に掲げた、視覚化できていない文書例（図5-1）を、視覚化した文書例（図5-3）と改めて見比べてみていただきたい。

　視覚化できていない文書は、記号の面では、1-1)〜1-4)、2-1)、2-2)と数字を使っている。このように数字を多用すると、特に短い文書の場合、字面がかえって煩雑になる。数字の代わりに、ミニドットのような単純な記号を使ったほうがすっきりする。

　また、スペースの面では、視覚化できていない文書は、インデントや上下のスペースがない。簡単なことではあるが、スペースをとると、視覚化した文書例（図5-3）のように、見出しや記号の効果とあいまって、読み手は「意味上の切れ目がありそうだ」と組み立てをつかみやすい。

　視覚化した文書例（図5-3）は、3段目まである論理パターンの組み立てを視覚化したものだ。仮に、4段目まである論理パターンを組み立てた場合には、4段目には、例えば「−（ダッシュ）」のように、ドットやミニドット以外の記号を適用して表していく。ただし、4段目まで階層を作ると、ドット、ミニドット、ダッシュと入子構造が複雑で説明が細切れになり、内容をつかみにくい。先に第3章で、組み立ての観点から論理パターンを4段目まで階層化するとSo What?/Why So?の展開が冗長になりがちだと述べた。視覚化の観点からも、わかりにくいものになる。論理パターンはでき

る限り3段目までで構成することをめざすとよい。

記号に託すMECEとSo What?/Why So?の関係

　ドットやミニドットを使って記述する方法は、出来上がった文書を見ると、一見、普通の箇条書きのようである。しかし、前項で述べたように、「●」や「・」といった記号は目を引くための単なるマークではなく、個々の記述の論理的な関係を示す道具になっている。論理的な関係を託して記号を使うからこそ、記号は、読み手に文書の組み立てを示すことができる。

　記号に託す論理的な関係とは、MECE、So What?/Why So?の2つだ。記号に託すMECE、So What?/Why So?の関係を、視覚化した文書例（図5-3）の本論部分を抜粋した図5-5で確認しておこう。

結論とドットの間、ドットとミニドットの間はSo What?/Why So?の関係

　結論は、「ベータ社は、意欲とスキルの両面から……（中略）技術者全体に移転させている」の4行ほどだ。この結論に対して、Why So?と問われれば、その直接の答えは2つのドットの記述、

- ●意欲向上策
  独立志向の人材の採用から、相互啓発による育成、成果を……（中略）、スキル向上意欲を高めている。
- ●スキル向上策
  チーム派遣とベテラン技術者のノウハウを体系化した（中略）……高スキル技術者のスキルを学ぶ機会を作り出している。

になる。

図5-5 記号による、論理的な関係の視覚化(ベータ社のケース)

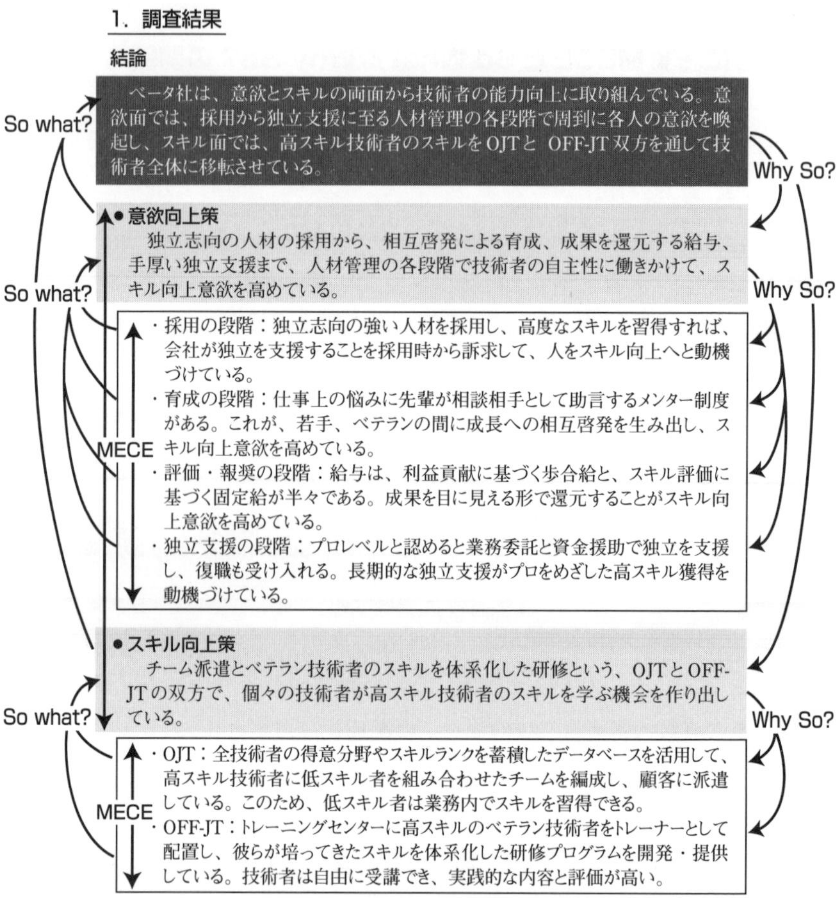

1. 調査結果

結論

> ベータ社は、意欲とスキルの両面から技術者の能力向上に取り組んでいる。意欲面では、採用から独立支援に至る人材管理の各段階で周到に各人の意欲を喚起し、スキル面では、高スキル技術者のスキルをOJTとOFF-JT双方を通して技術者全体に移転させている。

（So what? ／ Why So?）

● 意欲向上策

独立志向の人材の採用から、相互啓発による育成、成果を還元する給与、手厚い独立支援まで、人材管理の各段階で技術者の自主性に働きかけて、スキル向上意欲を高めている。

（So what? ／ Why So?／ MECE）

- 採用の段階：独立志向の強い人材を採用し、高度なスキルを習得すれば、会社が独立を支援することを採用時から訴求して、人をスキル向上へと動機づけている。
- 育成の段階：仕事上の悩みに先輩が相談相手として助言するメンター制度がある。これが、若手、ベテランの間に成長への相互啓発を生み出し、スキル向上意欲を高めている。
- 評価・報奨の段階：給与は、利益貢献に基づく歩合給と、スキル評価に基づく固定給が半々である。成果を目に見える形で還元することがスキル向上意欲を高めている。
- 独立支援の段階：プロレベルと認めると業務委託と資金援助で独立を支援し、復職も受け入れる。長期的な独立支援がプロをめざした高スキル獲得を動機づけている。

● スキル向上策

チーム派遣とベテラン技術者のスキルを体系化した研修という、OJTとOFF-JTの双方で、個々の技術者が高スキル技術者のスキルを学ぶ機会を作り出している。

（So what? ／ Why So?／ MECE）

- OJT：全技術者の得意分野やスキルランクを蓄積したデータベースを活用して、高スキル技術者に低スキル者を組み合わせたチームを編成し、顧客に派遣している。このため、低スキル者は業務内でスキルを習得できる。
- OFF-JT：トレーニングセンターに高スキルのベテラン技術者をトレーナーとして配置し、彼らが培ってきたスキルを体系化した研修プログラムを開発・提供している。技術者は自由に受講でき、実践的な内容と評価が高い。

また逆に、これら2つのドットの記述をSo What? して、エッセンスをまとめると、結論になる。このように、結論とドットの記述の間には、So What?/Why So? の関係が成り立っている。

同様のSo What?/Why So? の関係が、ドットの記述とミニドットの記述の間にも成り立つ。最初のドットのもとの「独立志向の人材の採用から、相

互啓発による育成、成果を……、スキル向上意欲を高めている」という記述に、Why So? と問われれば、その下の4つのミニドットの記述が答えになっている。また逆に、4つのミニドットの記述を So What? すると、その上のドットの記述内容になる。同じ関係が、2番目のドットの記述とその下の2つのミニドットの記述の間にも成り立っている。

　注意したいのは、次ページの図5-6のような記述だ。もし、あなたが「これのどこが悪いのか？」と思われたなら要注意。ドットの部分には、「意欲向上策」「スキル向上策」という見出ししかない。例えば、意欲向上のための4施策を総括すると、ベータ社は結局何をしているのか、その論点は読み手が考えてみなければならない。報告の論点をクリアに伝えたいならば、このように、ドットの記述を見出しだけで終わらせず、ミニドットの記述を So What? した説明を入れておく必要があるだろう。

　第3章の図3-19（81ページ）で述べた、論理パターンの「2段目不在」を覚えておいでだろうか。「2段目不在」とは、論理パターン上の2段目の説明が欠けた組み立てのことで、それを文書の形にすると、まさに図5-6となる。このように、複数のミニドットの記述を列挙し、その上には見出しのみ、という文書は誠に多い。こうなると結論も So What? 放棄の漠然としたものとなりがちだ。

　So What? は、熟考が必要な、手のかかる作業だ。これを書き手が放棄して、読み手に残しておくのでは、わかりやすい文書とはいえない。まして、読み手の So What? のスキルが芳しくなければ、読み手に文書の中身を正確に理解してもらうことは期待できない。組み立てを視覚化する段階でも「2段目不在」に陥っていないか、ダブルチェックしよう。

ドット間、ミニドット間は MECE な関係

　ドットの記述同士、またミニドットの記述同士には、図5-5に示したように MECE な、すなわち重なり・漏れ・ずれがない、という関係が成り立

図5-6　避けたい2段目不在の文書の例（ベータ社のケース）

---

1. 調査結果
結論
　ベータ社は技術者の意欲を高め、また、同時に実際のスキル向上のためのさまざまな工夫をしている。

- 意欲向上策　**So What?**
  ・採用の段階：独立志向の強い人材を採用し、高度なスキルを習得すれば、会社が独立を支援することを採用時から訴求して、人をスキル向上へと動機づけている。
  ・育成の段階：仕事上の悩みに先輩が相談相手として助言するメンター制度がある。これが、若手、ベテランの間に成長への相互啓発を生み出し、スキル向上意欲を高めている。
  ・評価・報奨の段階：給与は、利益貢献に基づく歩合給と、スキル評価に基づく固定給が半々である。成果を目に見える形で還元する給与の仕組みがスキル向上意欲を高めている。
  ・独立支援の段階：プロレベルと認めると業務委託と資金援助で独立を支援し、復職も受け入れる。長期的な独立支援が、プロをめざした高スキル獲得を動機づけている。

- スキル向上策　**So What?**
  ・OJT：全技術者の持つカテゴリー別ランクを蓄積したデータベースを活用して、高スキル技術者に低スキル者を組み合わせたチームを編成し、顧客に派遣している。このため、低スキル者は業務内でスキルを習得できる。
  ・OFF-JT：トレーニングセンターに高スキルのベテラン技術者をトレーナーとして配置し、彼らが培ってきたスキルを体系化した研修プログラムを開発・提供している。技術者は自由に受講でき、実践的な内容と評価が高い。

ドットのレベルにミニドットの記述を束ねてSo What?した説明が必要

つ。図5-5のベータ社のケースは、本論の組み立てに使った論理パターンは並列型だ。解説型を使った場合には、ドットは「事実」「判断基準」「判断内容」の3つを表す。第2章38ページで述べたように、この3つは、客観的な「事実」と、「判断基準」と「判断内容」を合わせた書き手の主観的な判断の塊の2つに分けてMECEと考える。

　ドットであっても、ミニドットであっても、同種の記号の記述を読み進

んだときに、大きな重複があったり、逆に、重要な要素がどこにも説明されていない、あるいは具体性のレベルにずれがある、といったことがないようにするわけだ。

このように、ドットやミニドットにSo What?/Why So?やMECEという論理を貫く縦横の法則を託すことで、記号は組み立てを視覚化する道具になる。視覚化の道具として記号を使うことに慣れれば、論理パターンの組み立てを、論理パターンのツリー状の図形を用いずに図5-3のような文章スタイルでも進めることができる。

4．Point 3：文頭で説明の切り口を明示する

　組み立てを視覚化するためのポイントの3つ目は、文頭の書き出し方の工夫である。具体的にどういうことなのか。次の2つの文例を見比べてみよう。これらは、チョコレートのメーカーがバレンタイン商戦後にまとめた報告書の一部と想定しよう。今年の商戦の外部環境を分析し、報告した部分だ。2つの文例の内容自体は同じである。

避けたいありがちな例──説明の切り口が文中に埋没した例

- 本年のバレンタイン商戦は、昨年同様で市場規模は横ばい、本命用需要には変動はなかった。しかし、義理チョコ需要が落ち込み、折からのスイーツブームに乗って、友人・知人に贈る友情チョコや自家用など、新需要が拡大した。
- 値頃感を訴求した義理チョコ商品に注力した競合は苦戦したが、こだわり派向けの本格志向の商品を主軸にした競合は健闘した。
- 有名パティシエと提携したオリジナル・チョコ、期間限定販売の欧州

高級チョコレートなど、希少性の高い商品が、主力チャネルの百貨店では売上増に貢献した模様である。

望ましい例──説明の切り口を文頭で明示

- 市場全体を見ると、規模は横ばいだった。需要別では、本命用に変動はなかったが、義理チョコが落ち込み、折からのスイーツブームに乗って、友人・知人に贈る友情チョコや自家用など、新需要が拡大した。
- 競合の状況は、値頃感を訴求した義理チョコ商品に注力したところは苦戦した。一方、こだわり派向けの本格志向の商品を主軸にしたところは健闘した。
- 主力チャネルの百貨店では、有名パティシエと提携したオリジナル・チョコ、期間限定販売の欧州高級チョコレートなど、希少性の高い商品が売上増に貢献した模様である。

　どちらも3つの記述が並んでいる。避けたいありがちな例は、パッと見ただけでは、3つの書き分けの切り口を読み取りにくい。「市場全体」「競合」「チャネル」という、このメーカーの外部環境をMECEに分けた切り口が、文中に埋まっているためだ。一方、望ましい例は、これらの切り口を文頭で明示している。

　同じ内容でも、この2つの文例のように、説明の切り口が文頭にあるのと、文中や文末に埋まっているのとでは、組み立てのつかみやすさが違ってくる。

　図5-3のベータ社の報告書を振り返ってみよう。この文例の参考情報の部分を見ていただきたい。ベータ社の業績について簡単なデータを記しているが、各記述の文頭に、

- 売上、経常利益は……

- 市場シェアは……
- 主要顧客は……

と、説明の切り口を出している。

　また、この例では、ミニドットのレベルには、「採用の段階」「育成の段階」「評価・報奨の段階」「独立支援の段階」や、「OJT」「OFF-JT」と小見出しがついている。しかし、見出しの項で触れたように、ミニドットの記述がもっと短い場合、小見出しをつけると、文書全体に見出しの類が多すぎて紙面が煩雑になる。その場合には、参考情報の要領で、小見出しはつけずに、「採用の段階では……」「育成の段階では……」というように組み立ての切り口を文頭に出すとよい。

＊　＊　＊

　視覚化は、表現のテクニックではあるが、これを徹底して実践すると論理的に説明を組み立てるロジカル・シンキングの力を鍛えることになる、と私は考えている。

　ドットやミニドットなどの記号に、MECE、So What?/Why So? の考え方を託し、それらをちょっとしたメールやメモにも活用する。すると、記号が思考を整理し、組み立てるための小道具として働くようになる。複数のミニドットの記述を書いたら、それらがMECEかどうかチェックする。また、ミニドットをSo What? したドットのレベルの説明が欠けていないか、中身は正しいか、と考えるようになる。さらに、見出しを立てること、文頭に説明の切り口を出すことをルール化すれば、見出しや文頭で示すMECEな切り口を常に意識するようになる。

　また、グループや部門の中にロジカル・シンキングを浸透させたい、という場合も、視覚化の考え方を共有し、文書作成の基本ルールにすることをおすすめしたい。顧客との面談報告、日報、週報、月報や社内通達文など、日常作成する文書でこのテクニックを使うようにすれば、おのずとロ

ジカル・シンキングを実践するようになる。

　視覚化のテクニックを活用して、MECE と So What?/Why So? を習慣化させ、形に表して、目で確認する──。その繰り返しがロジカル・シンキングを定着させる。たかが表現のテクニック、されど、である。

補論　視覚化の応用

規定書式への応用

　第5章では、本論を論理パターンで組み立てた場合、どう視覚化するかを見てきた。もちろん、私たちが書くビジネス文書の中には、「結論は……。なぜなら根拠は……」と論理パターンで精緻に説明する必要はないものも多々ある。営業日報や社内通達文など、規定の書式の枠内に必要事項を記入する。あるいは、連絡のメモやメール、ビジネスレターなどを書く。こうした、ちょっとした短い文書を書く際には、論理パターンを組み立てる必要はないが、MECE、So What?/Why So? を意識して中身を整理することは大切だ。その場合にも、視覚化の考え方をぜひ応用しよう。

　例えば、図5-7を見ていただきたい。これは、ある医療法人の情報管理部の担当者が作成した「社外研修参加申請書」だ。この組織では、社外セミナー等の参加に関しては、総務人事部にこのような申請書を出し、許可を得ることになっている。

　よく読めば、確かにこのセミナーは参加する意義のあるもののようだ。しかし、段落分けしただけで、ズルズルと書かれたこの文面からは、いくつのどのような参加申請の理由があるのかがいかんせん、読み取りにくい。さほど長くはないが、「解読せねば……」という印象を受けるのではないだろうか。

　さて、ここで質問だ。

図5-7　避けたいズルズル書きの記入例

```
                    社外研修参加申請書

人事部
研修部長宛

┌─────────┬──────────────────────────────────────┐
│  申請日   │                                      │
├─────────┼──────────────────────────────────────┤
│  申請者   │                                      │
├─────────┼──────────────────────────────────────┤
│  研修名   │                                      │
├─────────┼──────────────────────────────────────┤
│  主催者   │                                      │
├─────────┼───────────────────┬──────────────────┤
│  日  程   │                   │ 宿泊  有 ・ 無   │
├─────────┼───────────────────┴──────────────────┤
│  費  用   │                                      │
├─────────┼──────────────────────────────────────┤
│参加申請理由│ 世の中では、例えば患者の名前の呼び出しが、保護法に
│           │ 抵触するという考え方、あるいは抵触しないという考え方
│           │ など、医療機関の個人情報保護に関する解釈にはまだ大き
│           │ な違いがあります。
│           │   そもそも、解釈の幅はどのくらいあるのか、また、めざ
│           │ すべき個人情報保護の水準はどのくらいにすべきか、見極
│           │ めが必要です。当セミナーの△△講師は、医療機関の個人
│           │ 情報保護に関する第一人者で、患者さんのニーズも含めて
│           │ 有意義な情報が入手できると考えます。
│           │   また、このセミナーにはパネルディスカッションもあり
│           │ ます。他院の個人情報保護の考え方を把握することも当院
│           │ の対策作りには必要ですが、パネルディスカッションでは
│           │ 先進的な取り組みで定評のある、X病院やY医療法人がパ
│           │ ネラーとなっており、それぞれがこれまでの活動を通して
│           │ 得た教訓を話します。
│           │   さらに現在、当部が検討を進める中で懸念点が浮上して
│           │ います。QAセッションが用意されているので、これらに
│           │ ついても専門家の意見を聞くことができると考えます。以
│           │ 上の理由から、当セミナーへの参加を希望いたします。
└─────────┴──────────────────────────────────────┘
```

考えよう！

　この記述内容を MECE と So What?/Why So? を使って整理すると、いくつの、どのような参加申請理由があるだろうか。それを視覚化のポイントを使って表すと、どう改善できるだろうか。

第5章　組み立ての視覚化

> 解説

　図5-7の記述は4段落に分かれているが、セミナーへの参加申請理由は、MECEのフレームワークの中の3C（24ページ）の概念を使うと3つにグループ分けできる。個人情報の取り扱いに関する、世の中の動向や患者ニーズの話。競合医療機関の話。さらに、自分の組織の話、という3つだ。そして、話の括りごとに、このセミナーに参加したい理由のエッセンスを、So What?/Why So? と自問自答してみる。すると、「世の中のトレンドを知る」「先進機関の対応例を知る」「当部の課題に対して、専門家から意見を得る」という3つが抽出できる。

　この整理の結果を「見出しを明記する」を主軸に「記号・スペースを活用する」という点も踏まえて視覚化したものが図5-8だ。これならば、図5-7に比べ、申請書を決裁する相手も速やかに内容を読み取れるのではないだろうか。

> ポイント

　図5-7のように、複数の異なる論点を含む記述にもかかわらず、話の括りが明示されないと、「見てわかる」ビジネス文書にはならない。書いた中身を速やかに確実に相手に読み取ってほしいときには特に、いくつの、どのような事柄を盛り込んであるのかを明示するように心がけよう。基本動作は、MECE と So What?/Why So? で書く中身を整理して、段落を分けるだけでなく、見出しを立て、記号・スペースを活用することだ。

　社内のコミュニケーションを効率化しようと書類の書式を決めることは多い。その際に、図5-8で示したような、視覚化の方法もセットで共有したいものだ。そうでないと、図5-7のようなズルズル書きになったり、あるいは人によっててんでんばらばらな書き方になる。これでは、情報を受け取る側は、読み込むのに時間を要し、作業を効率的に進められない。書類の書式だけでなく、MECE、So What?/Why So? という考え方で中身を整

図5-8 視覚化した記入例

社外研修参加申請書

人事部
研修部長宛

申請日	
申請者	
研修名	
主催者	
日　程	宿泊　有・無
費　用	
参加申請理由	3つの観点から参加を希望いたします。 ● 世の中のトレンドの把握： 　医療機関としての個人情報保護の解釈にはまだ幅があり、どう解釈すべきかを理解することが必須です。△△講師は医療機関の個人情報保護に関する第一人者で、患者のニーズも含め、有効な情報入手が可能です。 ● 先進機関の対応例の把握： 　他機関の個人情報保護対策を知ることも必要です。先進的な取り組みをするX病院、Y医療法人が自らの対応を語るパネル討議から有意義な情報を得られると考えます。 ● 当部の課題に対する、専門家の意見の把握： 　現在抱えている懸念点について、専門的な立場から意見を聞きたいと考えていましたが、講師やパネラーが参加するQAセッションは格好の機会と考えます。

理して、それを視覚化するというアプローチまで共有してはどうだろう。

プレゼンテーション資料への応用

　プレゼンテーション用の図解資料をよく作る、という読者も多いだろう。本章で取り上げた視覚化も含め、ロジカル・ライティングのアプローチを

図5-9　プレゼンテーション資料をわかりやすくする3つの心得

ベータ社における派遣技術者の能力向上策に関する報告

〇年〇月〇日
和田太郎

> 本論に入る前に、導入部・目次・要旨を入れる

はじめに
・派遣技術者業界で近年躍進著しいベータ社の技術者の能力向上策の現状について調査結果をご報告します
・ベータ社の派遣分野は当社とは異なりますが、高業績の背景には派遣人材の能力向上への取り組みがあるとの定評があり、当社も参考にできる点があると考えます
・来週のプロジェクト会議では本報告を念頭に、当社として学ぶべき点を議論しますので、事前にご一読ください
・なお、本報告は、人材派遣業分野に詳しい△△証券のアナリスト、佐藤氏へのヒアリングに基づくものです。また、ベータ社の業績データは最後に付記したのでご参照ください

1

目　次
報告の要旨

1. 意欲向上策
　● 採用の段階
　● 育成の段階
　● 評価・報奨の段階
　● 独立支援の段階

2. スキル向上策
　● OJT
　● OFF-JT

参考情報

2

ベータ社は、人材の能力を意欲とスキル両面から捉えて、それぞれの向上に……………

人材の能力向上

意欲の向上：
成長に向けて、いかに個人を動機づけるか

スキルの向上：
成長の機会や環境をいかに与えるか

---

1. 意欲向上策
採用から独立支援に至る各段階ごとに技術者を動機づける仕組みが……………

人材育成の流れと意欲向上の仕組み

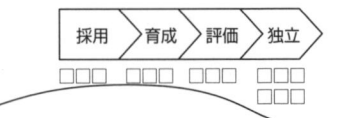

採用 ＞ 育成 ＞ 評価 ＞ 独立 ＞
□□□　□□□　□□□　□□□
　　　　　　　　　　　　　□□□

プレゼンテーション資料にもぜひ活用しよう。最初の3ページ分に3つの心得を実践するだけで、その資料と説明のわかりやすさが大きくアップするだろう。図5-9は、件のベータ社の報告書を、3つの心得を守ってプレゼンテーション資料に仕立てた場合の冒頭部分のイメージだ。

3つの心得のうちの第1は、視覚化以前の問題だが、表紙の次に「導入部」を入れること。導入部とは、第4章で述べたように、「何について、何のために伝えるのか」を中心にコミュニケーションの設定を説明するセクションだ。「はじめに」「本日のプレゼンテーションの目的」「ご提案にあたって」などと呼び方はさまざまであるが、最初に「導入部」を示そう。いきなり本論の図解データに突入では、相手にとって唐突だ。

第2は、「目次」を入れること。目次の役割は、資料全体の組み立てを1枚のページの上に視覚化して示すことだ。文章形式の資料なら、ページをパラパラ繰れば、見出しから組み立てを読み取ること

```
報告の要旨
結 論：
ベータ社は、意欲とスキルの両面から技術者の
能力向上に取り組んでいる。……（中略）……
スキルをOJTとOFF-JTの双方を通して技術者
全体に移転させている

1. 意欲向上策
   独立志向の人材の採用から、相互啓発による
   ……（中略）……働きかけて、そのスキル向
   上意欲を高めている
2. スキル向上策
   チーム派遣とベテラン技術者のスキルを体系
   化……（中略）……高スキル技術者のスキル
   を学ぶ機会を作り出している
                                          3
```

```
採用時には、明快な4つの基準のもとに………

        ベータ社の採用基準

    基準1. ○○○    ○○○○
                    ○○○
    基準2. ×××    ×××××
                    ××××
    □□□            □□□□
```

ができる。だが、ページ数が多くなりがちな図解資料では、見出しを一覧しにくい。そこで、「目次」を必ず入れておこう。「目次」と「導入部」の順番は逆でも構わない。

目次には、図5-9では、章の見出しと節の小見出しを示している。ときに、図表のタイトルまで入れた目次を見るが、これでは目次というより索引であり、細かすぎてかえって組み立てをつかみにくい。

そして、3つ目は、「要旨」のページを入れることだ。図解データを使って説明する本論の結論と、その結論を直接支える根拠を束ねたものが要旨だ。第3章で解説したように、本論を1つの論理パターンで構成するとき、要旨は、論理パターンの結論と2段目の要素だ（図3-18）。本論を複数の論理パターンで構成するならば、全体の結論と各論理パターンの結論を束ねたものが要旨になる（図3-23）。図5-9では、「報告の要旨」に、図3-15の論理パターンの結論と2段目の要素をまとめてある。これがプレゼンテーションのエッセンスになる。

最近では、顧客への提案書なども、競合コンペで事前に書類選考されるケースが多い。また、社内文書も含め、重要案件ほど、相手はプレゼンテーション後に資料を確認する。さらにプレゼンテーションに参加しなかった人に資料が回ることもある。20枚、30枚といった量の図解データから、要旨を正確にSo What? して理解することは誰にとっても容易ではない。要旨を1ページに書き出し、いわば視覚化して示しておけば、相手はそれを速やかにかつ正確に理解しやすい。プレゼンテーションの場で「要旨」のページを説明する必要はない。導入部と目次を説明したら、図解データのページに移って説明すればよい。

資料の冒頭の「導入部」「目次」「要旨」という3ページ。ここに、導入部とともに、本論の組み立てと要旨を視覚化して示すわけだ。プレゼンテーションというコミュニケーション手段は浸透したが、「導入部」「目次」「要旨」の三拍子揃った資料はまだ少数派だ。3つの心得をお忘れなく。

第6章
メッセージの日本語表現

　本章では、ロジカル・ライティングの総仕上げとして、日本語表現を考えていこう。

　ビジネスパーソンの方々に、ビジネス文書の日本語表現で重視している点は？と尋ねると、「簡潔であること」という答えが返ってくることが多い。確かに、簡潔さは大事なポイントだ。だが、気をつけたいのは、短いことは短いが、説明不足で、「いったい、これってどういうこと？」と読み手に思わせるような表現になっていないかどうかだ。

　また、ときに流行の経営用語や横文字などを多用して「これは気の利いた言い回しだ！」とひとり悦に入っている書き手もお見受けする。だが、いくら凝った表現を使っても、読み手に「いったい、これってどういうこと？」と思わせるのでは、独り善がりな表現で終わってしまう。

　書き手が伝えたいことを、「いったい、これってどういうこと？」という疑問を読み手に抱かせず、正確に、速やかに読み取ってもらえるように表現すること。これがビジネス文書の日本語表現で最も大事なことだ。的確な日本語表現を書くことができれば、その表現力は口頭での説明にもおのずと活きてくるだろう。

　伝えたいことを正確に、速やかに読みとってもらうための具体的な着眼点をつかもう。

1. ビジネス文書で重要な３つの要件を理解する

　書き手が伝えたいことを読み手が正確に、速やかに読み取れるように表現するための要件は３つある。

要件１：具体的に表現する

　ビジネス文書を書くときに、「とにかく短く表現しなければ」と考える向きが多い。簡潔な表現はもちろん大事だが、単に短さだけを追求すると、抽象的、一般的な表現に終始して、伝えるべきエッセンスが希釈されてしまう。書き手が伝えたい内容と同じイメージを読み手が持てるだけの具体性を表現に持たせることがまず重要だ。

要件２：論理的な関係を正しく表現する

　読み手にわかってもらえるように表現するには、記述内容の論理的な関係を正しく表すことも不可欠だ。ロジカル・シンキングをして、例えば、要素Aと要素BをMECEに組み立てたとしても、いざ文書を読んでみると、MECEに読めないのでは、あまりにももったいない。読み手が記述内容の論理的な関係を読み取りやすいように工夫をして表すことが不可欠だ。

要件３：簡潔に表現する

　ビジネス文書では、いくら具体的であり、また論理的な関係を正しく示す工夫が施されていても、読解に時間を要するような、複雑、冗長な表現はいただけない。忙しい読み手がサッと読めるよう、簡潔な表現に整えておくことも欠かせない。

　本章では、３つの要件に沿って、私が日々さまざまなビジネス文書をエディティングする中で、特に大事と考える着眼点を、図6-1のように２つず

図6-1　ロジカル・ライティングの日本語表現の要件

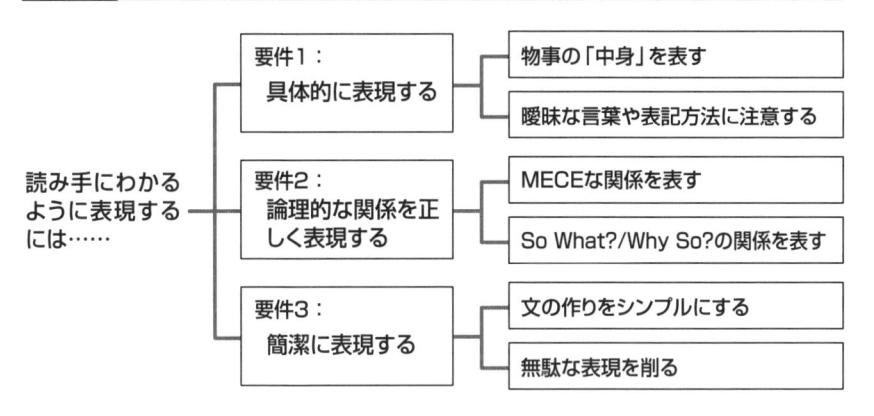

読み手にわかるように表現するには……
- 要件1：具体的に表現する
  - 物事の「中身」を表す
  - 曖昧な言葉や表記方法に注意する
- 要件2：論理的な関係を正しく表現する
  - MECEな関係を表す
  - So What?/Why So?の関係を表す
- 要件3：簡潔に表現する
  - 文の作りをシンプルにする
  - 無駄な表現を削る

つ取り上げる。そして、着眼点ごとに、避けたいありがちな例とその改善例を対比させる構成とした。

　ありがちな例は、ビジネスの場面で多くの書き手が陥っている、わかりにくい表現の典型例を盛り込んだ文例だ。ここでは、それをわかりやすい日本語表現にするための改善のヒントを添えたうえで、改善例とわかりやすく表現するための処方箋を共有したい。

　あなたも、改善のヒントを手がかりに、ありがちな例を「自分ならこう改善する」と添削しながら読み進んでいただければと思う。

2. 要件１：具体的に表現する

　エディティング・サービスで改善案を考えるとき、最も手を焼くのが具体性に欠ける表現だ。抽象論や一般論にとどまっていたり、キャッチフレーズの羅列に終始したりしていては、行間を何度読んでも書き手が伝えたいことがはっきりとした像を結ばない。

　そもそも、文書によるコミュニケーションでは、読み手は「これは、どういう意味なのか？」と疑問を持ったとしても、多くの場合、その場で書き手に質問できない。また、読み手が忙しければ、「わからない」の一言で書き手の労作が放置されてしまうかもしれない。読み手が、書き手の意図をクリアにつかめるように具体的に表現しよう。

　具体的に書く、ということはあなたも耳にタコができるほど聞いてきただろう。何に気をつけたら具体的になるかを、まずはそれこそ具体的に理解することが必要だ。それには、物事の「中身」を表現することと、曖昧な表現になりがちな言葉や表記方法に注意すること。この２つの観点で注意するとよい。

物事の「中身」を表す

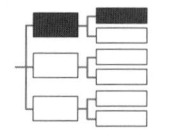

　例えばここに、「新製品Ａのプロモーションは失敗だった」という表現と、「新製品Ａのプロモーションは収益率が目標の５％割れだった」という表現がある。両者を比べると当然、後者が具体的だ。失敗の中身が記述されているからだ。このように、物事の「中身」を表現することが大切だ。

　ここでは、ビジネス文書の中で説明する頻度が高く、中身を表現するという点でつまずきがちな、変化、アクション、付帯条件、判断基準という４つを取り上げて、中身を書き表すためのポイントを押さえよう。

「変化」の中身を表現する

◎ありがちな例1

　ある市場分析レポートの中の「腕時計の需要の状況」に関する記述の一部である。

腕時計の需要の状況
1. 若年層セグメントでは、ライフスタイルの変化によって、腕時計の新規取得、買い替え双方の需要が伸び悩んでいる。
2. 中高年ビジネスマン・セグメントでは、ボーナスや残業カットによって収入が減少しており、腕時計の買い替え需要は縮小している。

◎改善へのヒント

　「1. 若年層セグメントでは、……」の記述に注目してみよう。一見もっともらしいのだが、なぜ、若年層では腕時計の需要が伸び悩んでいるのかを、あなたはクリアに理解できるだろうか。

　「ライフスタイルの変化」が若年層での腕時計需要を低迷させているのだが、肝心なのは、その変化の中身だ。「ライフスタイルの変化」という表現で説明が片づけられてしまっては、何も説明していないのと同じだろう。

　若年層が腕時計を持たなくなった背景を説明する必要がある。

◎改善例

腕時計の需要の状況
1. 若年層セグメントでは、携帯電話の普及とともに、時計機能を携帯電話に代替させて腕時計を持たない層が拡大している。このことから、腕時計の新規取得、買い替え双方の需要が伸び悩んでいる。
2. 中高年ビジネスマン・セグメントでは、ボーナスや残業カットによって収入が減少しており、腕時計の買い替え需要は縮小している。

◎解説

　改善例では、ライフスタイルの中身を「携帯電話の普及とともに、時計機能を携帯電話に代替させて腕時計を持たない層が拡大している」と示している。携帯普及以前と普及後の現在とでは、腕時計機能を何に求めるかが変化しているわけだ。

　ビジネス文書では、市場環境の変化、顧客ニーズの変化、業界構造の変化など、「変化」を説明することが多い。変化を具体的に表現するには、「何が何から何へと変わるのか（変わったのか）」という、変化の before と after を読み手がつかめるように書くとよい。例えば、「顧客ニーズの変化」というフレーズをよく目にするが、顧客の何についてのニーズが何から何へと変わったのかを書く必要がある。移行、推移、転換の説明も同様に変化の before と after を読み手に示す。

「アクション」の中身を表現する

◎ありがちな例2

　X社では、代表オペレータの電話対応に社外から多数の苦情が寄せられている。以下は、総務担当者が対応策を記述したものだ。

電話対応向上のための施策
1. 代表オペレータ用マニュアルを作成、徹底する。
2. ダイレクトイン番号をより一層活用する。
3. ピーク時対応を図る。

◎改善へのヒント

　あなたはこの施策の実行担当者の1人だとしよう。実行プランの詳細についてはこれから作るにしても、これで施策のイメージを持つことができるだろうか。

　例えば、オペレータ用マニュアルを作って、何を徹底するのだろう。ど

うすればダイレクトイン（直通）番号をもっと活用できるのか。さらに、ピーク時対応とは何をすることなのか——。これらの問いは、実行者にせよ、意思決定者にせよ、そのアクションにかかわる当事者であれば誰でも思い浮かべるだろう。その問いに対する説明が、ここではばっさりと端折られている。

行間ならぬ、「語間」に端折った説明を入れていく必要がある。

◎改善例

電話対応向上のための施策
1. 代表オペレータ用マニュアルを作成し、社内業務とその担当部署に関する、代表オペレータの理解を徹底させる。
2. 社内各部門からその客先・取引先に対して、極力ダイレクトイン番号の使用を依頼してもらうべく、各部門に要請する。
3. 代表オペレータが兼務する受付業務のピーク時間に、オペレータ応援要員を確保する。

◎解説

改善例には、ありがちな例で端折られていた説明が加えてある。マニュアルを作成してオペレータに徹底させることは、社内業務とその担当部署への理解だ。ダイレクトイン番号の活用を進めるために、総務部は各部門に対して、部門自ら動くように働きかける。さらに、ピーク時対応とは、受付業務のピーク時にオペレータの応援要員を確保することだ。書き手にとっては自明でも、少なくともこのくらいの説明をしなければ、第三者はアクションの中身をイメージできない。

アクションを説明するときは、「誰が・何を・どうするのか」をしっかりと明示しよう。アクションの説明がわかりにくい場合、特に「何を」が十分に説明されていないことが多いようだ。気をつけよう。

「付帯条件」の中身を表現する

◎ありがちな例3

　以下は、生産設備の増強を検討しているメーカーの生産部門の担当者が新工場の生産ラインについてまとめたレポートの一部だ。

製品Aと製品Bの生産ライン配置の考え方
- 今回設計する新工場では、製品Aと製品Bの生産ラインは共用とし、第1ゾーンに配置する。
- ただし、今後の市場動向に応じては、製品Bの生産ラインを第2ゾーンに移して増強する。

◎改善へのヒント

　2つ目の項目にある「今後の市場動向に応じては、……」の部分に注目してみよう。「基本的にはAだが、場合によってはB」とか、「原則としてはAだが、状況によってはB」といった、下線部を付帯条件という。文中の「今後の市場動向に応じては、……」も付帯条件だ。

　この文例では、市場動向がどうなったら、製品Bの生産ラインを第2ゾーンに移して増強するのかがはっきり示されていない。このままでは、書き手の意図が皆目わからない、と考える読み手もいるだろう。また、自分に都合のよい方向に解釈してしまう読み手もいるだろう。

　書き手の意図する市場動向の中身を表現したい。

◎改善例

製品Aと製品Bの生産ライン配置の考え方
- 今回設計する新工場では、製品Aと製品Bの生産ラインは共用とし、第1ゾーンに配置する。
- ただし、製品Bの年間生産量が今後見込まれる需要拡大の中で○○万

> 個以上になった場合には、製品Bの生産ラインは第2ゾーンに移す。

◎解説

　改善例では、下線部の記述によって付帯条件の中身を説明している。こう表現すれば、どのような場合に製品Bの生産ラインを移設するのか明快だ。

　改善例では、付帯条件を「○○万個以上になった場合」のように数字で示しているが、もちろん、定量的に示すケースだけではない。例えば、「製品BのOEM（相手先ブランドによる生産）が決定した場合」といったように、定性的に説明することもありうる。

　ビジネスでは、付帯条件付きの説明が必要な場合も多い。書き手の考える付帯条件の中身と読み手の解釈を一致させるようにしよう。

「判断基準」の中身を表現する

◎ありがちな例4

　資材Xのサプライヤであるメーカーの営業企画スタッフが、顧客企業のサプライヤ選定の状況についてまとめた報告書の一部だ。

> 　資材Xのサプライヤ選定基準は、品質と価格のバランスのよさ、仕様変更、リスク対応の3点である。この3点で当社製品と競合各社の製品を比較すると、当社は仕様変更で後れをとっている。
> - 品質と価格のバランス：……（略）
> - 仕様変更：……（略）
> - リスク対応：……（略）

◎改善へのヒント

　冒頭2行を見てみよう。資材Xのサプライヤ選定の基準として、「品質と価格のバランスのよさ」「仕様変更」「リスク対応」の3つが並んでいる。

3つの記述を比べると、品質と価格については、両者のバランスがよければ、顧客の選定基準を満たすことがすぐに理解できる。では、仕様変更やリスク対応についてはどうだろう。資材Xの仕様変更に関して何がどうなっていればよいのか。また、どのようなリスク対応力があればよいのか。
　現状の記述の中に欠けているこれらの説明を補うと、どうなるだろうか。

◎改善例

> 　資材Xのサプライヤ選定基準は、品質と価格のバランスのよさ、仕様変更への柔軟性の高さ、安定供給上のリスク対応力の高さの3点である。この3点で当社製品と競合各社の製品を比較すると、当社は仕様変更への柔軟性が低い。
> - 品質と価格のバランス：……（略）
> - 仕様変更への柔軟性：……（略）
> - 安定供給上のリスク対応力：……（略）

◎解説

　改善例では、「価格と品質のバランスのよさ」に合わせて、「仕様変更」は「仕様変更への柔軟性の高さ」に、「リスク対応」は「安定供給上のリスク対応力の高さ」に直してある。こう記述すれば3つの基準を具体的に理解できるだろう。
　ビジネスでは、判断を説明することが多い。そもそも何が判断基準かをしっかり伝えることが大前提となる。その際には、「仕様変更」「リスク対応」といった項目だけでなく、「仕様変更への柔軟性の高さ」「安定供給上のリスク対応力の高さ」のように、その項目がどうなっていればよしとするのかまで説明をすると、基準の中身を読み手と具体的に共有できる。

曖昧な言葉や表記方法に注意する

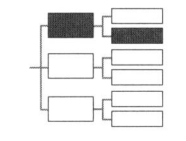

　具体的に表現するうえで、物事の中身を表現することとともにもう1つ大事なことは、曖昧な説明にとどまりがちな、特定の言葉や表記方法に注意することだ。ビジネス文書に頻出する、特に注意したい言葉や表記方法をここでは3つ取り上げよう。

「人によって解釈に幅がある言葉」に注意する
◎ありがちな例5
　人事制度変更に関して全社員に配布する説明用パンフレットの一部だ。

> 　当社は、リストラクチャリングにより、真の企業価値経営を進めている。今回設計する新人事制度は、こうした企業価値経営を促すものの1つとして、MBOを導入することが大きな柱である。
> 　人事部では、各部課長の皆さんに今回の新人事体系の趣旨を十分にご理解いただくために説明会を実施する。ついては、……（略）。

◎改善へのヒント
　リストラクチャリング、真の企業価値経営、人事制度と人事体系、MBOといった、一見もっともらしいビジネス用語風の表現が並んでいる。
　これらの用語がこの文脈でどのような意味を持つのか、読者ははっきりわかるだろうか。例えば、リストラクチャリングは、「人員整理」ととらえる人もいるし、もっと広義に「事業の再構成」ととらえる人もいる。「真の企業価値経営」の「真の」にはどのような意味があるのか。人事制度と人事体系の違いは何なのか。ここでのMBOとは何の略なのか。読み手にはすぐにピンと来るだろうか。
　ここに挙げた言葉には、読み手が、書き手の意図とは異なる意味を想定したり、意味を考えあぐねる余地がある。こうした曖昧さをできる限り排

するには、表現をどう見直したらよいだろうか。

◎改善例

> 　当社は、単なる経営指標の導入にとどまらず、事業構成を見直すことによって、企業価値の最大化を図る経営を進めている。今回設計する新人事制度では、この企業価値経営を促すため、個人の目標を設定してその達成状況を評価する目標管理制度（MBO: Management by Objectives）を導入する。
>
> 　人事部では、各部課長の皆さんに今回の新人事制度の趣旨を十分にご理解いただくために説明会を実施する。ついては……（略）。

◎解説

　改善例では、リストラクチャリングを「事業構成の見直し」とした。また、書き手が考える「真の企業価値経営」という概念を「単なる経営指標の導入にとどまらず、事業構成を見直すことによって、企業価値の最大化を図る経営」としている。さらに、MBOには日本語で意味を加え、人事体系は人事制度に統一している。

　「真の企業価値経営」のように抽象的な概念や「リストラクチャリング」のように、使う人や組織、あるいは文脈によって異なる意味を持ちうる言葉は、初出箇所で意味を定義しよう。

　また、ビジネス文書では横文字の略語や英語の語句も多い。そのままでは読み手にピンと来ないだろうと思うならば、初出箇所で原語の説明も含め、定義が必要だ。

　さらに、人事制度と人事体系のように、似ているが異なる言葉もある。多くの読み手は、言葉が違えば意味する中身も違うと考える。その文書の中で要となる概念を似て非なる言葉を無意識に使って表すと、読み手は混乱する。似て非なる言葉を、それぞれ異なる意味で使うならば、意味の定

義が必要だ。同じ意味ならば、どちらかの言葉に統一しよう。

「体言止め」に注意する
◎ありがちな例6

　ある企業のマーケティング担当者が、自社の商品Xのマーケティングの現状についてまとめた、社内会議用資料の一部だ。

商品Xのマーケティングの現状
- 商品：統一感の欠如
- 価格：割高感
- 訴求方法：定価販売不振の悪循環
- 販売経路：プッシュ販売の失敗

◎改善へのヒント

　例えば、「商品選択基準が多様化している」や「重点顧客を絞り込む」という表現は、用言で終わる文の形だ。これに対して、体言止めとは、「商品選択基準の多様化」や「重点顧客の絞り込み」のように、最後が名詞や名詞化した表記で終わる表現だ。ビジネス文書には体言止めが頻出する。

　文中の4つの体言止めは、物事の状態を表している。物事の状態を理解してもらうには、「何が・どうなっている（なった）」のかをはっきりと示す必要があるが、そのように読み取れるだろうか。

　「商品：統一感の欠如」とあるが、商品の何に統一感がないのか。「価格：割高感」とある。比べる対象は競合だろうが、どの程度の割高感があるのか。「訴求方法：定価販売不振の悪循環」の悪循環とは、何が起点で何に帰結するのか。また、「販売経路：プッシュ販売の失敗」は、「何がどうなっている」状態を書き手は失敗と言っているのだろうか。これらの点を説明したい。

◎改善例1

商品Xのマーケティングの現状
- 商品：商品テイストの統一感の欠如
- 価格：競合に比べ2割程度高い価格設定
- 訴求方法：定価販売の不振対策の値引きが商品イメージを落として、定価販売の一層の不振を招く、という悪循環の存在
- 販売経路：プッシュ販売による、上顧客離れの進行

◎解説

　改善例1の下線部分を見ていただきたい。このように説明してあれば、商品Xのマーケティングの現状を具体的に理解できるだろう。

　体言止めは、それ自体が悪いわけではない。問題なのは、ありがちな例のように、キーワードの列挙に終始しがちなことだ。それでは、「何が・どうなっている」のかをつかめないので気をつけよう。

　体言止めには、「商品Xの訴求方法の見直し」「商品Xの販売マニュアルの改訂」のように、アクションを説明するものもある。その場合には、先に「『アクション』の中身を表現する」の解説の項で述べたように「誰が、何を、どうするのか」を明示する。

　改善例1をさらに、次に示した改善例2のようにすれば、商品Xのマーケティングの現状が一層具体的に伝わるだろう。改善例1からの変更部分は、「何が、なぜ、どうなっているのか」の「なぜ」を加えたことだ。このように加筆すると、状態がよりクリアに伝わる。そして、この場合、体言止めにこだわらず、文の形にしたほうがすっきりとする。

◎改善例2

> 商品Xのマーケティングの現状
> - 商品：品揃えをメーカー任せにしているために、商品のテイストに統一感がない。
> - 価格：ファッションジュエリー分野の価格低下の中で、設定価格が競合に比べ2割ほど高い。
> - 訴求方法：定価販売が不調なために値引きをするが、商品イメージが落ちて定価販売が一層不振となる、という悪循環に陥っている。
> - 販売経路：販売員に商品知識やセールストーク力がなく、プッシュ販売をして上顧客を失っている。

否定形で終わる表現に注意する

◎ありがちな例7

　以下は、報告書の記述の一部だ。

> 　当社の抗アレルギー剤Xは市場投入以来、多くの花粉症患者から支持されてきた。しかし、花粉症に悩む患者が、抗アレルギー剤に求めるものは、もはや効き目だけではない。
> 　この点に鑑みて、当マーケティング部では、製品Xの訴求メッセージの見直しに着手するものとする。まず、……（略）。

◎改善へのヒント

　冒頭2〜3行目に「……。しかし、花粉症に悩む患者が、抗アレルギー剤に求めるものは、もはや<u>効き目だけではない</u>」とある。下線部に注目してみると、記述が「……ではない」と否定形で終わっている。

　では、花粉症患者は、抗アレルギー剤に対して、効き目だけでなく、何を求めるようになっているのだろうか。この点こそ、製品Xの訴求メッセ

ージを見直すうえで肝心だろうが、これがこの記述の中にはない。
　効き目の他に求めるものを示すことができれば、より具体的な説明になるだろう。

◎改善例

> 　当社の抗アレルギー剤Xは市場投入以来、多くの花粉症患者から支持されてきた。しかし、花粉症患者が、抗アレルギー剤に求めるものは、もはや効き目だけではない。眠気などの副作用の少なさや、1日の服用回数が少なくてすむという利便性も重視するようになっている。
>
> 　この点に鑑みて、当マーケティング部では、製品Xの訴求メッセージの見直しに着手するものとする。まず、……（略）。

◎解説

　改善例を見ると、花粉症患者は、抗アレルギー剤に関して、効き目だけでなく、副作用の少なさと服用回数の少なさも重視するようになったことがわかる。

　「XはAではない」と書いてあれば、読み手は、「では、Xは何なのか。Bなのか、Cなのか」と考えるものだ。自分の書いたものが「XはAではない」と否定形の説明で終わっていたら、「XはBである」「XはCである」というように、肯定形で説明できるかどうか考えてみよう。それが可能ならば、読み手はXについてより具体的なイメージを持つことができる。

　もちろん、「XはAでない」ということ以上は判明しておらず、「XはAではない」と説明すること自体に意味がある場合もある。

3. 要件2：論理的な関係を正しく表現する

　論理的な関係は、複数の説明材料をMECEとSo What?/Why So?という2つの考え方で整理して作っていく。

　MECEとSo What?/Why So?については、第2章をご参照いただきたいが、ここでは簡単に復習しておこう。

　まず、MECEとは、ある複数の事柄や情報を「重なり・漏れ・ずれ」のないグループに分けるという考え方だ。

　So What?/Why So?とは、「要するにどういうことか」というエッセンスを正しく引き出す、という考え方だ。手持ちのネタ全体、もしくはMECEにグループ分けした要素の中から、答えるべき問いに照らしたときにいえることのエッセンスを引き出すことを「So What?する」という。そして、So What?した要素が、手持ちのネタ全体、もしくはグループ分けした要素からいえることを検証することを「Why So?」するという。

　次ページの図6-2は、ある問いに対する答えを論理的に組み立てたものだ。要素Xが答えの核となる結論だ。要素Xと要素A、B、Cの間には、So What?/Why So?の関係が成り立つ。Xは、A、B、Cという3つの情報を束ねてSo What?し、問いの答えになるようにエッセンスを抽出したものだ。同時にXは、A、B、Cの3つの要素から確かに導かれることが検証済みだ。そして、A、B、Cの3つはお互いにMECEに切り分けられている。

　図6-2のように、論理的な関係になるように組み立てた複数の要素を書き表したときに、日本語表現のうえからも、So What?/Why So?の関係に、また、MECEな関係に読めるようにする必要がある。そのためのチェックポイントを見ていこう。

図6-2　論理的な関係とは

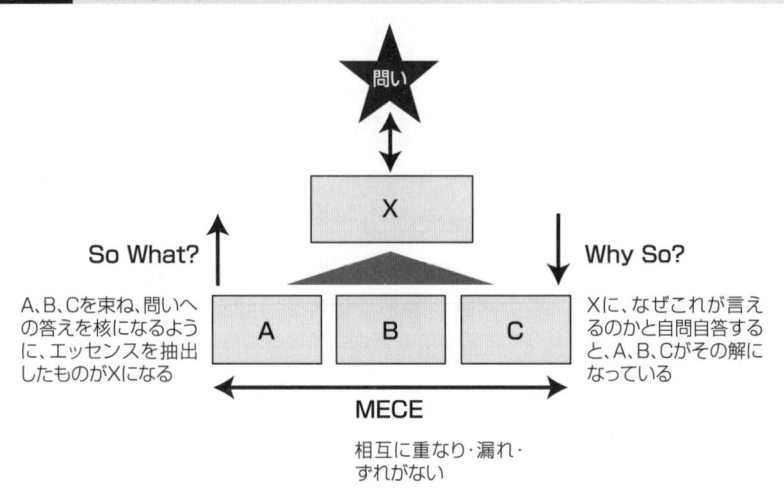

```
              ★問い
               ↕
              [ X ]
      ↑      ╱   ╲      ↓
  So What?              Why So?
  A、B、Cを束ね、         Xに、なぜこれが言え
  問いへ    [A] [B] [C]   るのかと自問自答する
  の答えを核になるよう              と、A、B、Cがその解に
  に、エッセンスを抽出              なっている
  したものがXになる
           ←―――MECE―――→
           相互に重なり・漏れ・
           ずれがない
```

MECEな関係を表す

　MECEな関係を表すには、例えば図6-2の場合、要素A、B、Cという並列する要素を、重なり・漏れ・ずれなく分けたその切り口を示すことがポイントになる。それには、まず、第5章「組み立ての視覚化」で取り上げた、見出し、記号・スペースの活用や、説明の切り口の文頭での明示が有効だ。

　そのうえで、ここで紹介する日本語表現のポイントも併せて反映させると、MECEな切り口をより効果的に明示できる。

並列するものの表記をそろえる
◎ありがちな例8

　以下は、C社のシニア向けスポーツウェア事業の問題点を3つの観点に切り分けてまとめた文章につけられた小見出しだ。

```
シニア向けスポーツウェア事業の問題点
  ①顧客ターゲットの絞り込み不足
  ②生産におけるコスト高
  ③販売
```

◎改善へのヒント

　3つの小見出しのもとに説明する問題点は、MECEに切り分けてあることを前提にしよう。このとき、小見出し自体の記述に違和感がないだろうか。

　3つの小見出しは並列の関係にあるが、それにもかかわらず記述の性格は異なっている。①と②は問題点に言及している。一方、③は問題点のありかを示している。

　並列する見出し（小見出し）は、その記述の性格をそろえないと、相互の関係性をつかみにくい。3つの記述はどうそろえたらよいだろうか。

◎改善例1

```
シニア向けスポーツウェア事業の問題点
  ①商品企画面
  ②生産面
  ③販売面
```

◎改善例2

```
シニア向けスポーツウェア事業の問題点
  ①顧客ターゲットの絞り込み不足
  ②生産コストの高さ
  ③提案販売のスキルの不足
```

◎解説

　MECEのフレームワークの1つに、事業の仕組みを始点から終点までステップに分けてとらえるビジネスシステム（第2章24ページ）という考え方がある。書き手は、これを使って事業の問題点を商品企画・生産・販売の事業機能別にまとめようとしている。

　ここでは、2つの改善案を示した。改善例1は、ありがちな例の①と②を、③にそろえ、事業機能自体を見出しにしている。改善例2は、ありがちな例の①と②を生かし、それらに③をそろえて、各機能の問題点そのものを見出しにしている。

　このようにすれば、並列する記述の表現として違和感もなく、3つの話の塊の関係をつかみやすいだろう。

　見出しについては、組み立てを明示する道具という観点から、第5章でも取り上げているので参照していただきたい。改善例1のように、説明項目のみを示すものを項目型の見出し（小見出し）と呼ぶ。改善例2のように説明の中身を示すものをSo What? 型の見出しと呼ぶ。並列する見出しを表記する場合、項目型とSo What? 型を交ぜないことが重要だ。

接続詞に頼らず、切り口を明示する

◎ありがちな例9

　産業財Xのメーカーであるデルタ社はA国市場に進出している。A国市場での競争の概況についてまとめた記述である。

> A国市場における競争の概況
> - A国市場は、デルタ社のほかに大小多数の現地メーカーが競争をしている混雑市場だが、大手主要顧客が求める品質と柔軟な仕様変更に関する条件を充足できるのはデルタ社のみである。したがって、現在、A国市場はデルタ社にとって売り手市場となっている。
> - また、日本国内のX業界は疲弊した状態にあるので、A国市場に日本

の競合メーカーが新規参入してくる可能性は低い。同時に、現地メーカーとデルタ社の技術力には大きな格差があるため、デルタ社が売り手市場の状況は今後も続くと考えられる。

◎改善へのヒント

　A国市場の競争についての記述は、2つの塊に分かれている。2つの記述は「また」という接続詞でつながれているのだが、どうも今のままでは、各記述がA国市場の競争をどのような切り口で説明しているのかを読み取りにくい。

　どう変えれば説明の切り口を明示できるだろうか。

◎改善例

A国市場における競争の概況
- 現在のA国市場は、デルタ社のほかに大小多数の現地メーカーが競争する混雑市場である。しかし、大手主要顧客が求める品質と柔軟な仕様変更に関する条件を充足できるのはデルタ社のみである。このため、A国市場はデルタ社の売り手市場となっている。
- 今後のA国市場を展望すると、日系競合メーカーが当市場に新規進出する可能性は、日本国内のX業界疲弊のために低い。加えて、現地メーカーは、技術力でデルタ社に大きく後れをとっている。このため、デルタ社にとって売り手市場の状況は今後も続くと考えられる。

◎解説

　2つの記述は、A国市場における競争の状況を「現在」と「今後」というステップ分けの考え方でMECEに切り分けている。そこで改善例では、「現在のA国市場は」「今後のA国市場を展望すると」という説明の切り口を、各記述の冒頭に出している。

文頭で説明の切り口を明示することは、第5章「組み立ての視覚化」のPoint 3（143ページ）で述べた。

　日本語表現上、気をつけたいことは、接続詞への頼りすぎが、説明の切り口を文頭に出すのを阻む落とし穴になることだ。特に注意したいのが、ありがちな例の中にもある「また」である。ついつい便利に使いがちだが、「また」には並立の意味もあれば、言い添えの意味もある。

　「また」と書いたら、「また」の前の説明と後の説明の関係を考えよう。そして、前後の説明が並立し、重要度が等しい場合には特に、改善例のように説明の切り口を明示したい。改善例はもちろん、「また、<u>今後のA国市場を展望すると</u>……」としてもよいが、MECEな関係を示すのはあくまでも下線部だ。

So What?/Why So? の関係を表す

　論理的な関係を形作る、もう1つの考え方がSo What?/Why So? だ。So What?/Why So? の関係を表すうえで着目したいポイントは3つある。1つは、問いと答えの関係の表現。2つ目は、複数の要素を束ねてエッセンスを抽出する際の表現。そして3番目に、個々の要素の説明の力点の表し方だ。

問いと答えの主語が合致するように表す
◎ありがちな例10
　以下は、従業員の福利厚生制度を検討する報告書の中で、米国のHMO（Health Maintenance Organization）と呼ばれる事業者とは何かを説明したものだ。

　　HMO（Health Maintenance Organization）とは：

> 企業は年間一定額でHMOに医療保険を引き受けてもらい、企業の従業員はHMOの傘下の医療機関で診療を受ける。傘下医療機関は、過剰な医療サービスをしないようにHMOから指導を受け、その結果、低減した実際に支払う医療費と、引き受けた一定額の保険料との差額がHMOの収益になる。
>
> HMOの登場によって、米国社会は医療費の抑制という大きなメリットを享受し、企業も年間医療保険料の低減に成功した。ただし、近年、医療機関への行き過ぎたコスト削減指導のために、医療の質が低下するなど、HMOの弊害も指摘されている。

◎改善へのヒント

　冒頭の2つの文の説明に注目したい。この部分ではHMOの仕組みを説明しているが、どうも意味をつかみにくい。
　ここで説明すべき問いは、「HMOはどういうものか」だ。この問いに対する答えとして、冒頭2つの文の主語は適切だろうか。

◎改善例

> HMO（Health Maintenance Organization）とは：
>
> HMOは、米国の医療保険システムの新しい担い手で、企業などが支払う医療保険料を年間一定額で引き受け、その保険でカバーされる人を傘下の医療機関に誘導する。同時にHMOは、傘下医療機関に対しては過剰な医療サービスを抑制するように指導し、引き受けた一定額の保険料と医療機関に実際に支払う医療費との差額で収益を出していく。
>
> HMOの登場によって、米国社会は医療費の抑制という大きなメリッ

トを享受し、企業も年間医療保険料の低減に成功した。ただし、近年、医療機関への行き過ぎたコスト削減指導のために、医療の質が低下するなど、HMOの弊害も指摘されている。

◎解説

　改善例での最も大きな変更のポイントは、冒頭2文の主語に、問いの主語「HMOは」を据えたことだ。「HMOは」を主語にして、この事業者が医療システムの中で果たす役割や、そのビジネスを説明している。ありがちな例は、「企業は」「従業員は」「傘下医療機関は」「差額が」を主語にした説明だった。

　答えが問いに合致していることは、論理的な説明の根幹だ。そのために表現上気をつけたいのは、答えの主語だ。問いが「HMOはどういうものか」なのだから、その答えは、「HMOは」を主語に、「『HMOは』『……を』『……する』ものだ」と説明したい。そうなれば、問いと答えが合致し、HMOについて予備知識を持たない読み手であっても、説明の内容をスムーズに理解できるだろう。

　なお、改善例ではHMOを主語に据えたことに加え、冒頭に「HMOは、米国の医療保険システムの新しい担い手で、……」という説明を入れ、HMOの概要を伝えている。

エッセンスを明文化する

◎ありがちな例11

　住宅サービス事業に携わる企業が企画した「マイホーム・コーディネート・サービス」という新サービスの顧客向けの提案文書の記述の一部だ。

「マイホーム・コーディネート・サービス」の概要

「マイホーム・コーディネート・サービス」は、注文住宅建築をご希望の施主の皆様を以下のようにお手伝い致します。

Step 1：ご登録
　　　ご登録票に必要事項とご要望をご記入のうえ、同封の封筒で弊社までご返送下さい。
Step 2：建築士へのご要望の説明
　　　弊社パートナーの建築士100人の中から、ご要望に最も合う3名をご推薦し、家作りに関するニーズや思いを建築士に直接、お話しいただく説明会を設定致します。説明会には弊社のコーディネーターが立ち会い、ご要望が的確に伝わるようお手伝い致します。
Step 3：建築プランのご提案
　　　説明会の内容を踏まえて各建築士が立てた建築プランを、弊社が法規遵守を含め、建物の構造上の問題がないか、コストは予算内で収まるかを厳格にチェックします。チェック後に、各建築士が建築プランをプレゼンテーション致します。
Step 4：建築士の決定
　　　ご提案したプランをじっくりご検討いただき、設計を依頼する建築士をお決め下さい。建築士との面談の設定、ご不明点に関する調査実施や疑問点に関するお客様の立場に立った客観的なアドバイスのご提供など、コーディネーターがご検討をサポートします。

◎改善へのヒント

　冒頭の2行に注目したい。この2行は、その下の4ステップにわたる記述内容を So What? して、このサービスのエッセンスを説明するものであるべきだ。

　ところが、「注文住宅建築をご希望の施主の皆様を以下のようにお手伝い致します」とある。「以下のように」と一言で片づけてしまっては、読み手がこのサービスをまずは大まかに把握したいと思っても、Step 1～4の説明を逐一読まなければならない。これでは、忙しい読み手は So What? をすぐにつかめない。

　Step 1～4を読まなくても、このサービスの概要をつかめるように、4つのステップの説明のエッセンスを明文化すると、どうなるだろうか。

◎改善例

「マイホーム・コーディネート・サービス」の概要

　当サービスは、「品質もコストも満足できる注文住宅」をご希望の施主の皆さまがベストな建築士を選べるよう、家作りのプロがきめ細かくサポートする仕組みです。

Step 1：ご登録
　　　　ご登録票に必要事項とご要望をご記入のうえ、同封の封筒で弊社までご返送下さい。
Step 2：建築士へのご要望の説明
　　　　弊社パートナーの建築士100人の中から、ご要望に最も合う3名をご推薦し、家作りに関するニーズや思いを建築士に直接、お話しいただく説明会を設定致します。説明会には弊社のコーディネーターが立ち会い、ご要望が的確に伝わるようお手伝い

致します。

◎解説
　改善案では、冒頭で、建築士選定をどのようにサポートするのかを示している。この記述があれば、Step 1〜4までの説明文を読まなくても、サービスの概要をつかむことができる。
　ビジネス文書には、「Xは<u>以下のとおりです</u>」「Yは<u>次のとおりである</u>」という記述の下に、複数の記述が列挙されているものが多い。もちろん、読み手にすぐにエッセンスを種明かしするのではなく、複数の記述をSo What?と自問自答しつつ読んでもらうことを意図しているならば構わない。
　だが、その意図なくして安直に「以下のように」や「次のとおり」と表現するのは、第3章「本論の組み立て（2）」でも述べたように、So What?放棄だ。これでは記述全体のエッセンスは伝わらない。「以下」「次」が指している内容の要点を、So What?/Why So?と我慢強く自問自答を繰り返して、言葉で説明をしよう。

説明の力点を正しく示す
◎ありがちな例12
　パスタ事業を展開しているA社の事業の現状を、3Cのフレームワーク（第2章24ページ）の各項目に分けてまとめたものだ。

- ●市　　場：消費者は、「健康的な食事を手頃な価格で摂って痩せる」ことを求めている。特にダイエット層の中心である20〜30代では、パスタが日常食として定着していることも手伝って、パスタ・ダイエットへの関心が高い。
- ●競合各社：現時点では、各社のダイエット食品は、間食的なものや治療食的な位置づけのものがほとんどで、健康人の毎日の食

> 事となるものやパスタ・ダイエットをテーマにした商品はまだない。しかし、過去にはパスタ・ダイエット市場の有望性に着目して参入し、撤退したメーカーはある。
> ●当　　社：ダイエットを切り口にしたパスタの商品開発は、従来行ってこなかった。ただし、現在当社は、強みとして、ダイエット効果が認められている特許を持つ調合スパイス、日常食ブランドとしての知名度の高さとコスト競争力を持つ。

◎改善へのヒント

　競合各社と当社の項目の記述に注目してみよう。競合に関しても、当社に関しても、現在についてはもちろん、過去の状況にも言及している。

　この中に「しかし」と「ただし」という接続詞がある。「AしかしB」とあれば、説明の主眼はBにある。一方、「AただしB」ならば、説明の主眼はAにあり、Bは言い添えておくということだ。

　今、個々の記述で答えるべき問いは、「競合各社はどのような現状にあるのか」「当社はどのような現状にあるのか」だ。この点を踏まえたときに、「しかし」と「ただし」という接続詞は正しく使われているだろうか。

◎改善例

> ●市　　場：消費者は、「健康的な食事を手頃な価格で摂って痩せる」ことを求めている。特にダイエット層の中心である20〜30代では、パスタが日常食として定着していることも手伝って、パスタ・ダイエットへの関心が高い。
> ●競合各社：現時点では、各社のダイエット食品は、間食的なものや治療食的な位置づけのものがほとんどで、健康人の毎日の食事となるものやパスタ・ダイエットをテーマにした商品はまだない。ただし、過去にはパスタ・ダイエット市場の有

　　　　　　望性に着目して参入し、撤退したメーカーはある。
- 当　　社：ダイエットを切り口にしたパスタの商品開発は、従来行ってこなかった。しかし、現在当社は、強みとして、ダイエット効果が認められている特許を持つ調合スパイス、日常食ブランドとしての知名度の高さとコスト競争力を持つ。

◎解説
　改善例では、ありがちな例の「しかし」と「ただし」を入れ替えている。ここでは、そもそもパスタ事業の現状を説明するべきだ。したがって、説明内容の順序を変えないのであれば、説明の力点は、競合の記述では前段に、当社の記述では後段にあるはずだ。そのため、競合については「ただし」を、当社については「しかし」を用いた。

　接続詞は、記述内容の関係性を示すので、文書の中身に予備知識を持たない読み手ほど接続詞を頼りに文脈をつかもうとする。接続詞は正しく使わなければ、かえって読み手の混乱の元になることに留意しよう。

4. 要件３：簡潔に表現する

　忙しい相手に読んでもらうのだから、簡明で無駄のない日本語表現にすることは、文書作成の基本マナーといってもよいだろう。
　複雑な作りの文や冗長な表現が多い、贅肉のついた文章は、読みにくいばかりでなく、正しい意味をつかめないという、深刻な合併症も引き起こす。
　ここでは、文章の基本ユニットである一文をシンプルな作りにすること、一文の中からさらに無駄な表現を排することの２点を考えよう。

文の作りをシンプルにする

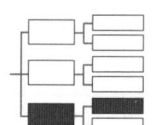

　文の基本は、主語＋述語だ。主語＋述語のセットが文中に錯綜したり、主語＋述語の関係がはっきりしない文は、読みにくい。一文一文を、主語＋述語という基本のシンプルな作りに近づけよう。

主語と述語をはっきりさせ、一文を短くする
◎ありがちな例13
　以下はバリュー・ネット社が企画開催するセミナーの案内状の文面の一部だ。

　……さて、弊社では来る○月○日（○）に「バリュー・ナレッジマネジメント・セミナー」を開催することとなりました。
　ご来臨賜りたく、ご案内申し上げます。
　企業では、パソコンの１人１台体制、インターネットへの接続、社内外とのコミュニケーションでのe-mailやグループウェアの活用など、従業員のワーキングスタイルが大きく変化してきましたが、こうしたこと

> が企業のIT化のゴールではなく、ITを駆使することによって、企業内外の膨大な情報を経営や事業運営上の課題解決に有効に活用することにあるのです。
> 　私どもバリュー・ネットでは、これまで……（略）。

◎改善へのヒント

　「企業では、パソコンの１人１台体制……」の文に注目していただきたい。なんとこれで一文だ。長すぎる文はそれだけで大変読みにくい。

　この長文は、

　「従業員のワーキングスタイルが（主）・変化してきました（述）」

　「こうしたことが（主）・企業のIT化のゴールではなく（述）」

　「？（主）・ITを駆使することによって、企業内外の膨大な情報を経営や事業運営上の課題解決に有効に活用することにあるのです（述）」

　という、３セットもの主部（主語とその修飾語）＋述部（述語とその修飾語）を含んでいる。ただし、３つ目の述部の主語は明記されていないようだ。

　この長文を、主語（部）＋述語（部）の基本の作りを念頭に切り分けたら、どうなるだろうか。

◎改善例

> 　……さて、弊社では来る○月○日（○）に、「バリュー・ナレッジマネジメント・セミナー」を開催することとなりました。
> 　ご来臨賜りたく、ご案内申し上げます。
> 　企業では、パソコンの１人１台体制、インターネットへの接続、社内外とのコミュニケーションでのe-mailやグループウェアの活用など、従業員のワーキングスタイルが大きく変化してきました。しかし、これが企業のIT化のゴールではありません。IT化のゴールは、ITを駆使することによって、企業内外の膨大な情報を、経営や事業運営上の課題解決

> に有効に活用することなのです。
>   私どもバリュー・ネットでは、これまで……（略）。

◎解説

　改善例では、改善のヒントで挙げた主語＋述語の組み合わせで文を3つに分けた。3つ目の文には、ありがちな例では隠れていた本来の主語、「（企業の）IT化のゴールは」を補った。ありがちな例では、この本来の主語が記述されていない。このために、「こうしたことが（ワーキングスタイルの変化が）」が、「ITを駆使することによって、企業内外の膨大な情報を経営や事業運営上の課題解決に有効に活用することにあるのです（述）」の主語に見えていた。これでは主語と述語の関係がねじれてしまい、意味が通らない。

　文は、述語が中心になってまとまった意味を形作るので、主語＋述語が連なる長文は文意をつかみにくい。また、長文では、主語・述語のねじれが起きても、それが文の長さに紛れてしまい、書き手自身がねじれに気づきにくい。

　主語＋述語の関係をはっきりさせて一文を短くしよう。文の長さの目安として、紙面を見たときにその全体がさっと目でとらえられる程度を目指したい。A4判に横書きしていく場合ならば、平均的なフォントの大きさ12ポイント程度で、長くとも2行以内をめどにすると読みやすいようだ。

「……によって……」を多用しない

◎ありがちな例14

　ある企業の社内プロジェクト終了時に、プロジェクト・メンバーがまとめた、経営陣への提言の一部。

> 　今回のプロジェクトでは、部門横断的なチームで検討を進めたことにより、チームメンバー各自による他部門の最新動向の把握が可能になったことによって、事業運営の実際を担うミドル層による最新情報の共有

がいかに重要かを再認識した。
　今後、ミドル層が情報の共有を促進するために……（略）。

◎改善へのヒント
　最初の文を見ていただきたい。「……により、……」「……による……」「……によって……」という表現が4回も出てくる。
　特に下線を引いた2つの「……により（によって）、……」に注目しよう。「Aにより、Bによって、C」という構造だ。Aが原因になってBとなり、Bが原因になってCとなる、という2つの因果関係が「……により、……」でつながっている。
　まずはこの因果関係を整理する必要がありそうだ。

◎改善例

　今回のプロジェクトでは部門横断的なチームで検討を進めたため、各チームメンバーが、他部門の最新動向を把握できた。この経験によって、チーム全員が、事業運営を実際に担うミドル層が情報を共有することの重要性を再認識した。
　今後、ミドル層が情報の共有を促進するために……（略）。

◎解説
　改善例では、元の一文を、プロジェクトの活動を説明する文と、そこで得た教訓を説明する文とに二分した。そのうえで、最初の文では「各チームメンバーが」を、2番目の文では「チーム全員が」を主語にした。このほうが、主語＋述語の関係がはっきりするのではないだろうか。
　ビジネス文書では、「Aが原因となって……」という意味で「Aによって（により、による）……」という表現がよく用いられる。しかし、この表現を無意識に乱用して語句をつないでいくと、ありがちな例のように、文中

に因果関係を複数作り出して、複雑な作りの文になってしまう。

また、「Aによって（により、による）……」は、「Aが……する」というように動作の主体を表す場合もある。原因を表す「によって（により、による）」とともに用いることで、文意をつかみにくくするので気をつけよう。

「れる・られる」を乱用しない
◎ありがちな例15
　以下は、競合企業A社の商品開発の仕組みに関する調査報告書の記述の一部だ。

> 　A社では、商品開発の仕組みの1つとして、新商品アイデアの社員提案制度が導入されている。提案活動は業務の一環と位置づけられ、採択されたアイデアの提供者には報奨金が出される。その結果、社員提案制度を通して年間250件の提案が寄せられ、過去10年間のA社の新商品のうち約7割が社員によって提案された新商品で占められている。

◎改善へのヒント
　何かまどろっこしく、すっきりしない文章だ。文や文節の末尾の表現に注目してみよう。
　「れる」「られる」という受け身の助動詞のオンパレードだ。はたして、この中で受動態で表記しなければならない箇所はいくつあるのだろうか。

◎改善例

> 　A社では、商品開発の仕組みの1つとして、新商品アイデアの社員提案制度を導入している。提案活動を業務の一環と位置づけ、採択したアイデアの提供者には報奨金を出す。その結果、社員提案制度を通して年間250件の提案が寄せられ、過去10年間のA社の新商品のうち、社員の

提案に基づくものが約7割を占めている。

◎解説

　改善例では、「れる」「られる」を1カ所を除いて能動態に置き換えた。このほうがずっとすっきりして読みやすいのではないだろうか。

　私たちは、「……が……を……する」という能動態で物事を説明してもらうと、意味するところをすんなりと理解しやすいものだ。背景や予備知識が十分でないときほど、説明が受動態であれば、中身を改めて「……が……を……する」と置き換えてみたくなる。無意識に受け身の「れる」「られる」を乱用すると、読みにくい文章になりがちだ。この点に留意したい。

無駄な表現を削る

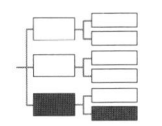

　一文の作りをシンプルにしたうえで、さらに、文の中から贅肉ともいえる不要な表現を取り除こう。

屋上屋を架さない
◎ありがちな例16

　以下は「コスト削減成功の要件」についてまとめた文書の一部だ。

コスト削減成功の要件
- 経営グループが高いレベルのコスト削減目標の設定を行い、その目標と目標達成の重要性について社内各部門と十分共有化を行う。
- 各部門をコスト削減の活動に向けて動機づけるための仕組みの構築を行う。
- 全社のコスト削減活動の統括機能を新設する。この組織が各部門のコスト削減活動案について検討を実施して、必要な部門間連携の明確化を行う。

第6章　メッセージの日本語表現

◎改善へのヒント

　文末の表現に注目してみよう。屋上屋を架するような、意味が重複する無駄な言い回しはないだろうか。

　例えば、冒頭2行を見ていただきたい。「設定を行う」「共有化を行う」という表現があるが、どうだろう。その他の記述の中にも、このような意味のだぶりがないだろうか。

◎改善例

> コスト削減成功の要件
> - 経営グループが高いレベルのコスト削減目標を設定し、その目標と目標達成の重要性を社内各部門と十分共有する。
> - 各部門をコスト削減に向けて動機づけるための仕組みを構築する。
> - 全社のコスト削減活動の統括機能を新設する。この組織が各部門のコスト削減活動案を検討して、必要な部門間連携を明確にする。

◎解説

　改善例では、冒頭2行の記述では「設定を行う」は「設定する」に、「共有化を行う」を「共有する」にしている。2つ目の記述では、「構築を行う」を「構築する」に、また、3つ目の記述では、「検討を実施して」は「検討して」に、「明確化を行う」を「明確にする」にした。

　「共有化」や「明確化」は、「化」がすでに「共有する」「明確にする」という意味を含む。したがって、「共有化を行う」「明確化を行う」は「共有する」「明確にする」とすればよい。また、「<u>設定</u>を行う」「<u>構築</u>を行う」「<u>検討</u>を実施する」も、下線部の言葉がすでにあるアクションを表すものだ。「設定する」「構築する」「検討する」にしたほうがすっきりする。

　この手の屋上屋を架する表現は、文章中にちらほらある程度ならば、それほど気にもならないが、頻出すると冗長になる。気をつけたいポイント

である。

無用な強調をしない
◎ありがちな例17
　以下はキャラクター・ライセンス事業に携わるX社についての記述だ。

> 　キャラクター・ライセンス事業の成功の鍵を、X社の事例から洗い出すと2点ある。まず、キャラクターの開発において、キャラクターのデザインに世相や流行を小まめに反映させることによって、キャラクターの陳腐化を防ぐことである。次に、ライセンス供与における、キャラクターの持ち味を生かす商品アイデア作りにおいて、X社自体も積極的にライセンシーに提案することによって、商品作りにおいても深く関与していることだ。

◎改善へのヒント
　「……において」「……における」という表現が繰り返し出てくる。これらは、「……で」「……での」に言い換えることができる。「……における」は文語調で、「の」「での」よりも改まりや強調のニュアンスを醸し出す。
　「……における」「……において」の多用によって、本来際立たせたいものが目立たなくなる、というマイナスの作用が働いていないだろうか。書き手が主張するX社のキャラクター・ライセンス事業の成功の鍵2つを際立たせるには、どうしたらよいだろうか。

◎改善例

> 　キャラクター・ライセンス事業の成功の鍵を、X社の事例から洗い出すと2点ある。まず、キャラクターの開発において、キャラクターのデザインに世相や流行を小まめに反映させて、キャラクターの陳腐化を防

いでいることである。次に、ライセンス供与において、X社自体も、キャラクターの持ち味を生かす商品アイデアを積極的にライセンシーに提案して、商品作りに深く関与していることだ。

◎解説

　書き手は、X社のキャラクター・ライセンス事業の成功の鍵は、キャラクター開発とライセンス供与のそれぞれにある、と主張している。

　改善例では、「……において」という表現を、「キャラクター開発において」「ライセンス供与において」の2カ所に絞って使っている。その他の箇所は「……において」を他の言い回しに変えた。

　「……において」「……における」のような強調のニュアンスのある言葉を無意識に多用すると、本来書き手が強調したい点をぼかすことになる。強調したい箇所に絞って使ってこそ効果を発揮する。

＊　＊　＊

　「いやぁ、どうも日本語の表現力がなくて……」と自覚症状はあるけれど、「でも、中身はしっかりあるので、まぁ何とか伝わるだろう。表現力くらいお目こぼしいただきたいものだ……」と半ば開き直り気味の書き手や、「自分にはセンスがないから、しょせんスキルアップは無理」と諦めている書き手は少なくない。だが、自分が頭の中に描いたことを読み手としっかり共有できるように日本語で表す力――。これは、ビジネス・コミュニケーションから書いて伝える手段がなくならない限り、すべてのビジネスパーソンに必須のものだろう。

　ロジカル・ライティングの日本語表現に求められることは、具体的に表現すること、論理的な関係を正しく表現すること、簡潔に表現することの3点だ。

　自分の表現を客観的に眺め、手直ししていくことは誰にとっても難しい。

ここに挙げたありがちな例とその改善例の対比が、セルフチェックの手がかりになればと思う。

COLUMN
ジャーゴンを自覚して使っていますか？

　読者の皆さんは、次の表現を読んでどう思われるだろうか。
「Xキャンペーンの挙績は、来月の実績に計上されます」
「商品Yの上市タイミングは来年4月が予定されている」
「今期目標の必成に向けて邁進しましょう」
　漢語表現は、漢字から意味を推測できるので、まぁ、このような意味だろうと予測はつくだろうが、「挙績、上市、必成」といった表現について、自分では使ったことはないな、という読者が多いのではなかろうか。挙績（きょせき）は、営業実績といった意味で、保険業界では多く使われるようだ。上市（じょうし）は、市場投入の意味であり、製薬業界ではよく使われるようである。筆者が長年かかわっているコンサルティングの分野でもよく用いる。必成（ひっせい）は、必達の意味で、これは某金融機関で頻繁に用いられているのを拝見した。
　思わず辞書を引いてみたくなった読者も多いのではないだろうか。しかし、これらの言葉は大きな辞書にも載っていないようである。これらは英語で言うところのジャーゴン（jargon）、つまり、ある業界や企業の中でのみ通じる特殊用語といってよさそうだ。使っているビジネスパーソン諸氏も、初めて前掲の言葉に出会ったときには、「こんな言い方もあるのか」と思ったはずだ。ところが、何年も使ううちに多くの人がジャーゴンであることを意識しなくなってしまうようだ。
　ジャーゴンは、意味について共通認識を持つ仲間内で使うにはなかなか便利なものだ。しかし、例えば、新入メンバーや取引先など、意味を知らない相手には、相手にわかる言葉に置き換える、意味を定義して使うといった配慮をぜひ心がけたいものだ。

第6章　メッセージの日本語表現

まとめ──セルフエディティングのためのチェックリスト

　ロジカル・ライティングのアプローチを、組み立てと表現に分けてステップごとにみてきた。文書ができあがったら、それを自分自身で見直す、いわばセルフエディティングをして、わかりやすく論理的なアウトプットになっていることを確認しよう。

メッセージの組み立てについてのチェック

導入部の組み立て
　□文書の冒頭に導入部があり、そこで、必須要素であるテーマと読み手に期待する反応を明示してあるか。
　□必須要素の他にも必要な要素があれば、それらを説明してあるか。
　　・テーマ設定の背景は何か。
　　・期待する反応をとってもらうのメリットは何か
　　・書き手は誰か。また、なぜ、この書き手が情報発信するのか。
　　・読み手は誰か。また、なぜ、この読み手に読んでほしいのか。
　　・本論に関する特記事項（情報源、初期提案か最終提案かなどの本論の位置づけ、本論の訴求点）は何か。

本論の組み立て
　□テーマを、答えるべき問いに過不足なく、置き換えてあるか。
　□個々の問いへの答えを So What?/Why So? してあるか。
　　・答えの核である結論は何か。
　　・結論を直接支える根拠はいくつ、何があるのか。
　□根拠は MECE にグループ分けしてあるか。
　□結論を先に伝えるか、根拠から先に伝えるか、という順番は適切か。

メッセージの表現についてのチェック

組み立ての視覚化
　□テーマと期待する反応を示唆する表題があるか。
　□So What?/Why So? や MECE な関係を見て取れるか。
　　・見出し（小見出し）があるか。
　　・スペース・記号を活用しているか。
　　・文頭で説明の切り口を明示しているか。

メッセージの日本語表現
　□具体的か。
　　・物事の中身を明快に読み取れるか。
　□論理的か。
　　・MECE と So What?/Why So? の関係を、日本語表現のうえからも読み取れるか。
　□簡潔か。
　　・一文の作りがシンプルで、無駄な表現がないか。

おわりに

　今やロジカル・シンキングは、ビジネスパーソンの必須科目となりつつある。ロジカル・シンキングを頭で理解するだけでなく、コミュニケーションの中で大いに使いこなしていただきたい。それには、コンサルタントを含むビジネスパーソンの多くのスキルトレーニングに携わり、また、私自身がロジカル・シンキングを習得した経験から、次の2つのことが大切だと痛感している。

　1つは、「書く」ことが、ロジカル・シンキングを鍛えるための優れた手段になる、という点だ。頭で考えるだけでは、MECE、So What?/Why So?、論理パターンというロジカル・シンキングの道具は使いこなせない。すべての道具は実際に使ってみて初めて、使い方の勘所を掴むことができる。それと同じように、ロジカル・シンキングの道具も、頭の中に汗をかきつつ、実際に使うことが大事だ。そのとき、紙の上でも、パソコン画面でも、自分の思考の結果を書いて客観的に眺め、練り上げ、確認すれば、学習効果がより高まる。

　もう1つは、コミュニケーションでロジカル・シンキングを活かすには、ロジカル・シンキング・プラスアルファのスキルも要る、ということだ。それは、いかに納得感をもって読み手をロジック（論理）に導き、いかにわかりやすくロジックを表現するかという点だ。このプラスアルファができないと、「確かに頭の中はロジカルに整理されているようだが、何か納得感のない説明をする人」「小難しい説明をする人」などと受け止められ、せっかくのロジカル・シンキングが活きてこない。誠にもったいないことだ。

　どうしたらロジカル・シンキングが身につくのでしょう？──こうした質問をよくいただく。この『ロジカル・ライティング』が、書くための手引きとしてはもちろん、読者がロジカル・シンキングをセルフトレーニン

グする際の一助となれば、筆者としてこれに勝る喜びはない。

　本書の出版にあたって、多くの方にお力添えをいただいた。エディティングを通して協働したマッキンゼー社のスタッフや、ロジカル・コミュニケーションの研修を通して出会ったさまざまな業界のビジネスパーソンの方々からは、アプローチ体系化のヒントを多々頂戴した。「はじめに」でも述べたように、前作『ロジカル・シンキング』の共著者の岡田恵子氏、また、かつてマッキンゼー社で図解表現のアドバイザーを務めていらした丸尾智秋氏はじめ、草稿に目を通して下さった方々からは、貴重なご助言や励ましの言葉をいただいた。そして、東洋経済新報社出版局の大貫英範氏、佐藤敬氏、前任者の遠藤康友氏には終始大変お世話になった。
　皆様に心から御礼を申し上げる。

　2006年早春

照屋華子

著者紹介

コミュニケーション・スペシャリスト．
東京大学文学部社会学科卒業．株式会社伊勢丹で社内広報に携わった後，1991年，経営コンサルティング会社マッキンゼー・アンド・カンパニーに入社．同社で顧客企業へのコンサルティング・レポートや提案書等の論理構成と日本語表現をアドバイスするエディティング・サービスに従事．
現在は独立し，ロジカル・コミュニケーションの手法の開発，ロジカル・シンキングやそれをベースにわかりやすく書く，話すことをテーマとする企業研修プログラム・セミナーを多数実施している．また，マッキンゼー社の契約エディターも務め，コンサルティングの提案書・報告書，書籍等のエディティングに携わるとともに，コンサルタントや顧客企業を対象とする多くのロジカル・コミュニケーション・トレーニングを設計・実施している．共著書に『ロジカル・シンキング——論理的な思考と構成のスキル』(東洋経済新報社) がある．

ロジカル・ライティング

2006年4月6日　第1刷発行
2008年5月6日　第4刷発行

著　者　照屋華子（てるや　はなこ）
発行者　柴生田晴四
発行所　〒103-8345　東京都中央区日本橋本石町1-2-1　東洋経済新報社
　　　　電話　東洋経済コールセンター03(5605)7021　振替00130-5-6518
印刷・製本　東洋経済印刷

本書の全部または一部の複写・複製・転訳載および磁気または光記録媒体への入力等を禁じます．これらの許諾については小社までご照会ください．
©2006〈検印省略〉落丁・乱丁本はお取替えいたします．
Printed in Japan　ISBN 978-4-492-55554-5　http://www.toyokeizai.co.jp/